Spielerisch bewegen...

Dieses Buch ist dem Kind im Menschen gewidmet, das die Lust am Spiel lebt.

Klaus Scheuermann

Jahrgang 1964, Diplom Sozialpädagoge (FH), Studium in Nürnberg und Glasgow, langjährige Tätigkeit als Jugendbildungsreferent und Dozent, Zusatzausbildung in Sozialmanagement und Gruppendynamik, freiberuflicher Kommunikations-, Gruppen-, Erlebnispädagogik- und Bewegungskunsttrainer, Autor mehrerer Bücher und Fachartikel in deutscher und englischer Sprache.
In Scheuermanns momentanem beruflichem Arbeitsfeld sind Spielepädagogik und Bewegungskunst ein hauptsächlicher Bestandteil. Aus diesen Erfahrungen entstand die Idee zum vorliegenden Buch. Er verfasste eine Einführung in das Poi-Schwingen: „Die Faszination der fliegenden Kugeln". Viele der hier beschriebenen Spiele setzt er in der Bildungsarbeit und als freiberuflicher Trainer erfolgreich ein.

Klaus Scheuermann

Spielerisch bewegen...

Gruppenspiele zum Poi-Schwingen und zum Jonglieren

Eigenverlag

Umschlag: Klaus Scheuermann

Zechthof 11, D-91257 Pegnitz,
Tel. 0049 9241 809596, E-mail: PoiKlaus@web.de,
Internet: www.artofpoi.de

1. Auflage 2003
2. Auflage 2008

Druck und buchbinderische Verarbeitung:
Fuldaer Verlagsanstalt, Fulda

Printed in Germany ISBN 978-3-926292-13-1

Zu diesem Buch

Die Idee zu diesem Buch entstand bei einem Workshop zum Poi-Schwingen und während eines Sozialkompetenzseminars mit Auszubildenden. Das eintönige Lernen von Bewegungsabläufen in Workshops erfordert oft viel Selbstdisziplin und wird für die Teilnehmerinnen müssig. Deshalb begann ich, verschiedene Spiele zu entwickeln und in Workshops zu verwenden, die das Lernen und Vertiefen von Bewegungsabläufen mit dem Spieltrieb verbinden. Da das Spielen sehr viel Spaß macht, können Workshops zum Poi-Schwingen lustvoller gestaltet werden.

Andererseits bietet das Poi-Schwingen und viele Bereiche des Jonglierens eine wunderschöne Metapher, um Thematiken von Selbstsicherheit, Körperlichkeit, Kommunikation, Vertrauen, sozialer Kompetenz, Musik- und Rhythmusverständnis aufzuarbeiten. Diese Erfahrung war mir während des Sozialkompetenzseminars mit den Auszubildenden beschieden.

Die Spiele in diesem Buch können sowohl für kleine Pausen, zur Auflockerung bei Workshops oder im Schulunterricht verwendet werden. Darüber hinaus eignen sie sich, um mit der Bewegungskunst inhaltliche Themen aufzugreifen und zu reflektieren. Hieraus leitet sich die Bandbreite der vorgestellten Spiele ab.

Anfangs wurden die Spiele nur für das Poi-Schwingen ausgearbeitet, doch bald zeigte sich, dass, durch kleine Veränderungen der Regeln und Charakteristika der jeweiligen Spiele, diese auch für die meisten Bereiche des Jonglierens verwendet werden können. Die Spielbeschreibung für jedes einzelne Jonglierutensil auszuarbeiten hätte bei weitem den Rahmen dieses Buches gesprengt, deshalb wurden diese Spiele zunächst für Schwingerinnen beschrieben. Jedoch können sie auch für das Werfen von Bällen, Tüchern, Keulen und Zigarrenkisten oder dem Balancieren des Diabolos, der Teller und des Devil Sticks übertragen werden. Bewegungsabläufe des Jojo, des Astrojax, der Bolas, des Stabdrehens, des Keulenschwingens und der Meteors sind der Schwungtechnik des Poi-Schwingens ähnlich.
Jeder Spielbeschreibung wurde eine Auflistung des jeweils geeigneten Jongliermaterials vorangestellt. Beispielhaft für Jongliertricks sind die Metaphern zum Poi-Schwingen aus meinem Buch: „Die Faszination der fliegenden Kugeln“. Diese können natürlich durch andere passende Tricks ersetzt werden. Dem jonglierenden oder schwingenden Leser dürfte es nicht zu schwer fallen, diese Übertragungsarbeit zu leisten.

Viele hier vorgestellte Spiele sind bereits in anderer Form bekannt, doch der Transfer zur Bewegungskunst gibt ihnen einen neuen, einzigartigen Charakter.

Der Aufbau der Spielbeschreibung gliedert sich folgendermassen:

- Verwendbares Material für das entsprechende Spiel.
- Für die pädagogische Arbeit ist die Frage: „Weshalb tue ich dies?" sehr wichtig. Aus diesem Grunde fällt die Beschreibung der Zielsetzungen zuweilen umfangreich aus.
- Notwendige Rahmenbedingungen, benötigtes Material und eine einfach formulierte Spielbeschreibung folgen.
- Jedes Spiel lebt von seiner Präsentation und Wirkung. Viele Spiele lassen sich variieren, ausschmücken oder vereinfachen. Sie wirken für den Moment unter dem jeweiligen situativen Kontext. Deshalb ist es sehr wichtig, Spiele zu variieren und sie zu beleben.
- Die Reflexionsfragen und notwendige Anmerkungen beenden teilweise die Spielbeschreibungen.

Um beiden Geschlechtern gerecht zu werden, habe ich für die Spielbeschreibungen weibliche und männliche Anrede im Wechsel verwendet. Ist in einer Ablaufbeschreibung für die Spielleitung die weibliche Form gewählt, so wählte ich für die Teilnehmer die männliche Form.

Für Anregungen zu diesem Buch und Verbesserungsvorschläge wäre ich sehr dankbar. Bitte sende diese an:

Klaus Scheuermann
Zechthof 11
91257 Pegnitz
E-mail: PoiKlaus@web.de
Internet: www.artofpoi.de

Dieses Buch kann auch über diese Adresse bestellt werden.

Jetzt wünsche ich Dir viel Spass mit dem „Spielerischen bewegen..." und diesem Buch!

Pegnitz, im April 2003, Klaus Scheuermann

Danksagungen:

An dieser Stelle möchte ich einigen lieben Menschen für ihre Unterstützung danken: Wolfgang Nierhoff, einem wichtigen Korrekturleser und Berater, Gudrun Kohlnberger, der ich sehr zu Dank verpflichtet bin und die mich dazu veranlasste, dieses Buch zu schreiben. Last but not least wieder Thomas Peek, der mit wertvollen inhaltlichen und stilistischen Anregungen diese Spiele-Sammlung bereicherte.

Spielen und Bewegungskunst

Spiel und Bewegungskunst ergänzen sich in idealer Weise. Durch spielerisches Lernen perfektioniert sich ein Bewegungsablauf und führt zu neuen Ideen. Die Lust am Spiel, an der oft nicht planbaren und vorhersehbaren Situation, steht dem gezielten Einstudieren von Bewegungsabläufen gegenüber.

Meine Erfahrung in der Vermittlung von Techniken in der Bewegungskunst lehrte mich, dass es für Teilnehmer oft schwer ist, einen bestimmten Bewegungsablauf zu verinnerlichen. Wird dieser Prozess nun durch eine spielerische Übung aufgelockert oder durch das Lernen in Gruppen initiiert, fällt es den Teilnehmern oft leichter. Schliesslich führt dies zu einer Steigerung der Motivation der Lernenden und des Lehrenden und zu einem schnelleren Lernerfolg.

Andererseits ist es oft wichtig geplante Bewegungsabläufe in einer Gruppe einzustudieren, um die Aufführung für ein Schulfest oder eine Show zu perfektionieren. Viele hier vorgestellte Spiele regen die Zusammenarbeit in der Gruppe an. Einige sind so angelegt, dass fortgeschrittene Lernende die langsamer Lernenden unterstützen können. In anderen Spielen wird der Wettkampfcharakter initiiert. Dies kann wiederum Mitspieler motivieren, ihr Können zu verbessern. So kann eine Performance, durch die Verknüpfung verschiedener Übungen, spielerisch und vermutlich schneller gelernt werden.

Spielen an sich bringt Freude und erfüllt einen Selbstzweck, doch ist es manchmal auch wichtig, den „Ernstcharakter“ einer Spielsituation zu erkennen und zu thematisieren. Spiel kann als gezielte Methode eingesetzt werden, um pädagogische und therapeutische Prozesse zu katalysieren. Diese Bandbreite kann, je nach Belieben vom jeweiligen Anwender des Buches, ausgeschöpft werden. Es liegt an ihm, ob er es bei einer Spielsituation belassen möchte oder ein Reflexionsprozess folgen sollte.

Letztendlich bleibt es jedem selbst überlassen, zu welchem Zweck er diese Spiele einsetzen möchte. Das wichtigste ist, den Spass und die Lust am Spiel sowie an der Bewegung mit anderen gemeinsam zu erleben. In diesem Sinne wünsche ich allen Lesern viel Spass und Erfolg mit der hier vorgestellten Spiele-Sammlung.

Die zehn Gebote für die Spielleitung

Präambel:

Den perfekten Spielleiter gibt es nicht! Deshalb ist es wichtig, einen eigenen Weg zu finden, Spiele anzuleiten. Die nachfolgenden Gebote sind Anregungen zum Nachdenken und nicht immer oder auf jede Situation übertragbar. Es liegt in der Natur des Spieles, eine offene Situation zu schaffen, deren Ende nicht vorhersagbar ist. Deshalb bereitet es uns eben so viel Lust.

1. Sesam öffne Dich!

Ein guter Spielleiter ist für neue und nicht voraussehbare Situationen offen. Jedes Dogma ist Gift für die Spielerinnen. Jede Gruppe und jedes Spiel ist immer wieder anders, neu und ungewohnt.

2. Der Spassfaktor ist entscheidend!

Ein guter Spielleiter spielt selbst am lustvollsten. Wenn er keine Lust zum Spielen hat, wird sich dies auf die Teilnehmerinnen übertragen und auch sie werden wenig motiviert sein, sich auf das Spiel einzulassen. Spielleitung darf keine Pflichtübung sein.

3. Der Marlboro Man ist Schnee von gestern!

Teamarbeit ist angesagt. Während ein Teamer ein Spiel präsentiert, kann ihn sein Partner unterstützen, ergänzen, Vorbereitungen treffen, die Gruppe beobachten und auf einzelne Teilnehmerinnen gezielt eingehen.

4. Mit Kopf, Herz und Verstand spielen!

Der Spielleiter sollte sich seiner besonderen Rolle bewusst sein. Selbst beim Mitspielen darf er seine Anleitungsrolle nicht vergessen. Nähe und Distanz zu den Teilnehmerinnen kann zum Problem werden. Dazu ist es wichtig, sich selbst und die Gruppe gut zu kennen und einschätzen zu können.

5. Verkrampft spielt es sich schlecht!

Spielhemmungen und Ängste der Teilnehmerinnen können einzelne Spielerinnen und Gruppenprozesse negativ beeinflussen. Um aufkommende Ängste zu verringern, sollte es möglichst keine Zuschauerinnen geben. Die Gruppe ist dann ungestört. Der Spielleiter kann möglichst oft mitspielen und die Regeln so einfach wie möglich erklären.
Der Spielraum ist einladend zu gestalten. Alle Spiele sollten aufeinander aufbauen. Die Gruppe sollte die Möglichkeit haben, ihre Erfahrungen und Erlebnisse auszutauschen. Die Leitung sollte sich persönlich einbringen.

6. Das geplante Chaos ist die Krönung des Spiels!

Der Spielleiter darf nicht Sklave seiner eigenen Planung sein. Die Vorbereitung und Strukturierung kann zwar Sicherheit geben, doch sollten mehrere Spielvorschläge zur Verfügung stehen, notwendiges Material vorhanden sein und die Wünsche der Spielerinnen beachtet werden. Diese Sicherheiten braucht der Spielleiter, wenn er möglichst flexibel sein will.

7. In der Kürze liegt die Würze!

Sollen die Mitspielerinnen die Spielregeln verstehen, muss ein Spiel eindeutig und einfach erklärt werden. Unklarheiten im Reglement verunsichern und hemmen den Spielfluss. Spiele während des Erklärens zu diskutieren, ist nicht sinnvoll.

8. Zur richtigen Zeit das wichtige tun!

Ein Spiel zum richtigen Zeitpunkt abzubrechen ist ebenso wichtig, wie es zu einer anderen Zeit einzubringen. Spiele sollten nicht „totgespielt" werden. Das heisst: Nicht solange spielen, bis schliesslich auch die letzten Spielerinnen ihre Lust am Spiel verlieren. Dazu ist eine gewisse Sensibilität für Situationen notwendig. Diese wird sich mit zunehmender Spielerfahrung des Leiters verbessern.

9. Die Persönlichkeit ist entscheidend!

Unsicherheiten des Spielleiters übertragen sich auf die Mitspielerinnen und hemmen den Spielfluss. Fehlende Erfahrung und daraus resultierende Unsicherheiten im Anleiten von Spielen können durch Vorbereitung und Strukturierung ausgeglichen werden. Dazu ist es notwendig, intensiv zu planen, mit vertrauten Spielen zu beginnen und neue Spiele mit einer vertrauten Gruppe erstmals zu testen. Das Spiel mit Freunden und Bekannten gibt Sicherheit, ebenso wie das Experimentieren und das Besuchen von Fortbildungen.
Routinierte Spielleiter sind der Gefahr ausgesetzt, in Oberflächlichkeit zu verfallen. Darunter kann das Spielgeschehen ebenfalls leiden. Deshalb ist es auch für einen erfahrenen Spielleiter wichtig, zu experimentieren und immer wieder neue Erfahrungen zu machen.
Der Spielleiter bringt seine Persönlichkeit, sein alltägliches Erleben und seine Gemütsverfassung in das Spiel ein. Hemmungen, Ängste, Hochgefühle, Aggressionen, usw. beeinflussen das Spielgeschehen, dessen sollte er sich bewusst sein.
Grundsätzlich ist der Spielleiter für den Ablauf eines Spieles nicht alleine verantwortlich. Jede Mitspielerin bringt sich ein und ist für ihren Aktionismus verantwortlich. Diese Verantwortung kann dem Einzelnen nicht abgenommen werden. Spielvorschläge sind immer Angebote, auf die sich die Teilnehmerinnen, je nach Wünschen einlassen.

10. Spielerfahrungen mitteilen aber nicht totreden!

Den Teilnehmerinnen ist es oft wichtig, Spielerfahrungen mitzuteilen. Manchmal kann es auch notwendig sein, das Spiel in ein gewisse Richtung zu lenken oder Spielerfahrungen bewusst zu initiieren. Solch pädagogisches Handeln macht eine gesteuerte Reflexion unabdingbar.
Sind die Teilnehmerinnen nicht bereit, sich auf die Thematik einzulassen oder war die inszenierte Spielsituation unpassend, sollte eine Reflexion nicht erzwungen werden. Gegebenenfalls ist es besser, diese sehr kurz zu halten. Eine einfache Variante wäre: „Wie hat Euch das Spiel gefallen?“

Spiele-

Sammlung

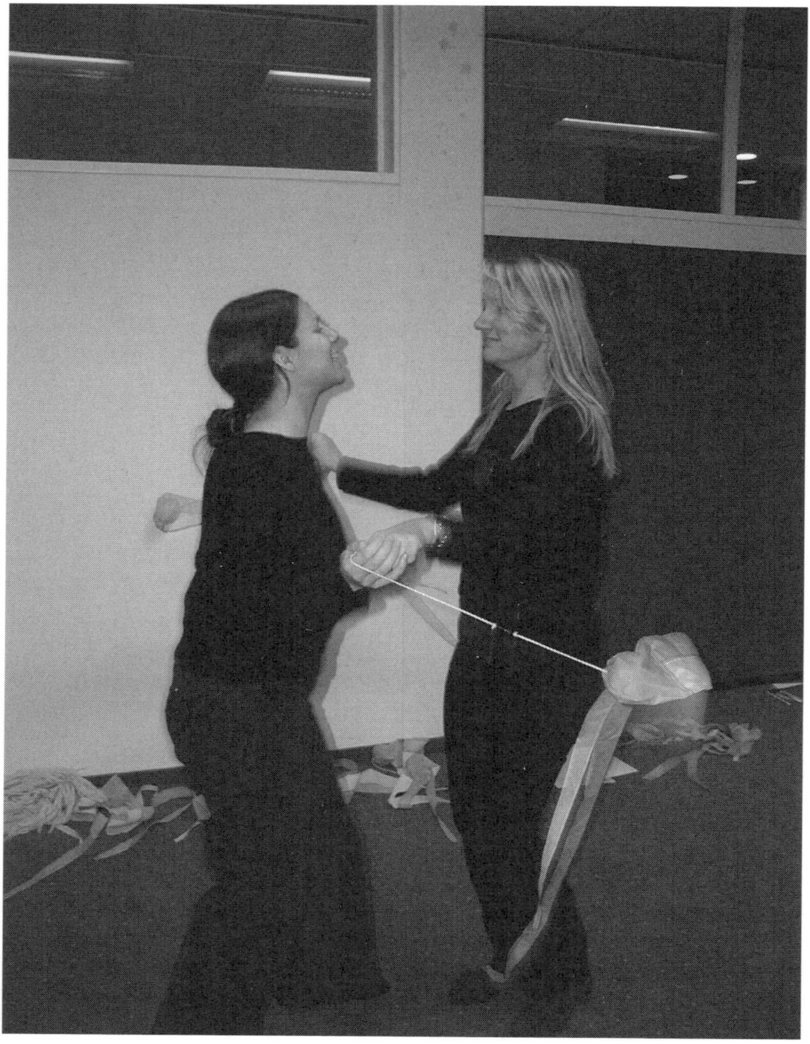

Spiele

zum

Kennenlernen

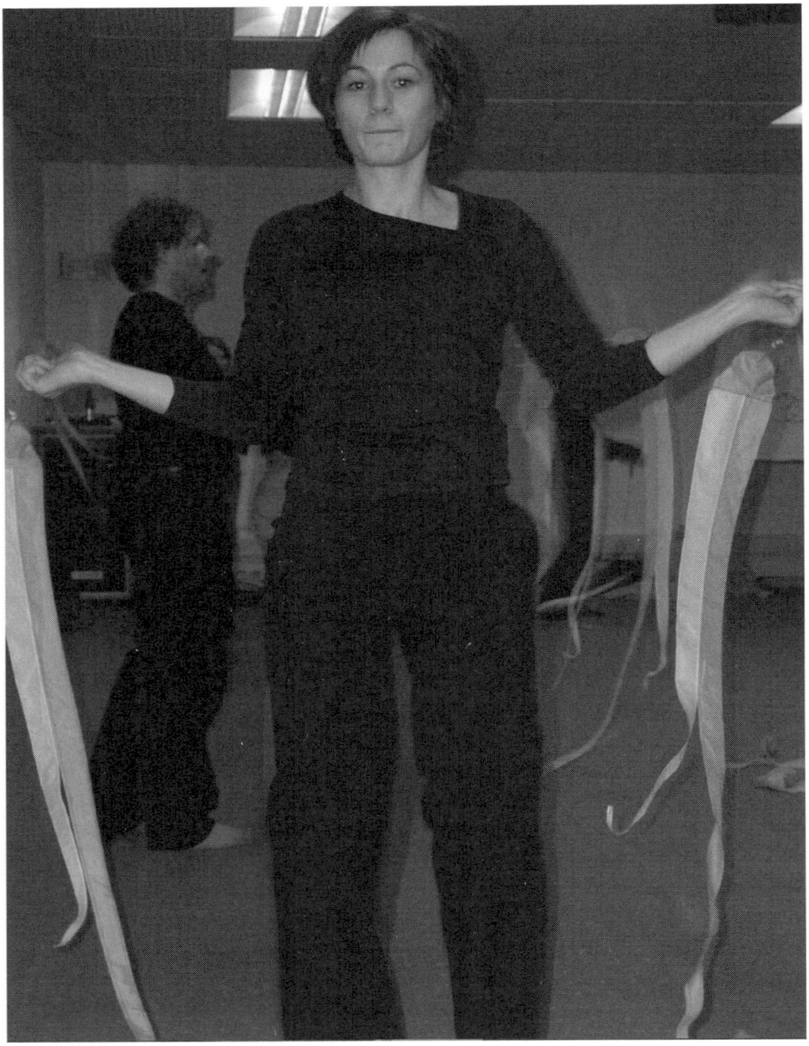

Namens - Poi

Geeignet für:
Pois, Schwinglis, Jonglierbälle, Jonglierkeulen, Jonglierringe, Diabolos, Devil Sticks, Teller, Zigarrenkisten, Jojos, Astrojax, Meteors, Bolas, Stäbe.

Lernziele:
- Gegenseitiges Kennenlernen.
- Taktile Wahrnehmung schulen.
- Namen der Mitspielerinnen einprägen.
- Geschicklichkeit im Umgang mit den Utensilien trainieren.
- Erste Schwünge üben und Schwungbezeichnungen aus: „Die Faszination der fliegenden Kugeln“ einprägen.

Rahmenbedingungen:
- Raum mit 10-15 Metern Länge und 10-15 Metern Breite oder Freigelände.
- Zeitdauer 15-20 Minuten.
- Gruppe von 10-20 Personen.
- Keine Altersbeschränkung.

Material:
- Ein oder mehrere Pois.

Ablauf:
Die Gruppe bildet einen Kreis. Der Spielleiter beginnt das Spiel, indem er ein Poi in die Hand nimmt und seinen Namen nennt. Anschliessend reicht er das Poi an die Person rechts neben sich weiter. Diese nennt nun ebenfalls ihren Namen und gibt das Poi wiederum weiter. Das Poi wird immer in die gleiche Richtung weitergegeben und jede Person sagt dazu ihren Namen, bis es wieder bei dem Spielleiter ankommt. Dieser führt einen einfachen Schwung vor. Er schwingt mit einem Poi wahlweise das *rechte* oder das *linke Rad im zurück rollenden Wagen,* ruft dabei einen Namen und wirft der Gerufenen das Poi aus der Schwungbewegung zu. Diese Person setzt das Spiel fort, indem sie das Poi auffängt, es zu schwingen beginnt, wieder einen Namen ruft und der betreffenden Person das Poi zuwirft.
Der Spielleiter kann nach einiger Zeit ein zweites und drittes Poi in den Kreis einbringen. Das erhöht die Spannung und den Spass. Pois die herunterfallen, sollen möglichst schnell wieder aufgehoben und mit Schwingen und dem Rufen eines Namens wieder ins Spiel gebracht werden.

Anmerkung:
Dieses Spiel eignet sich auch besonders gut für alle Gegenstände, die geworfen werden können.

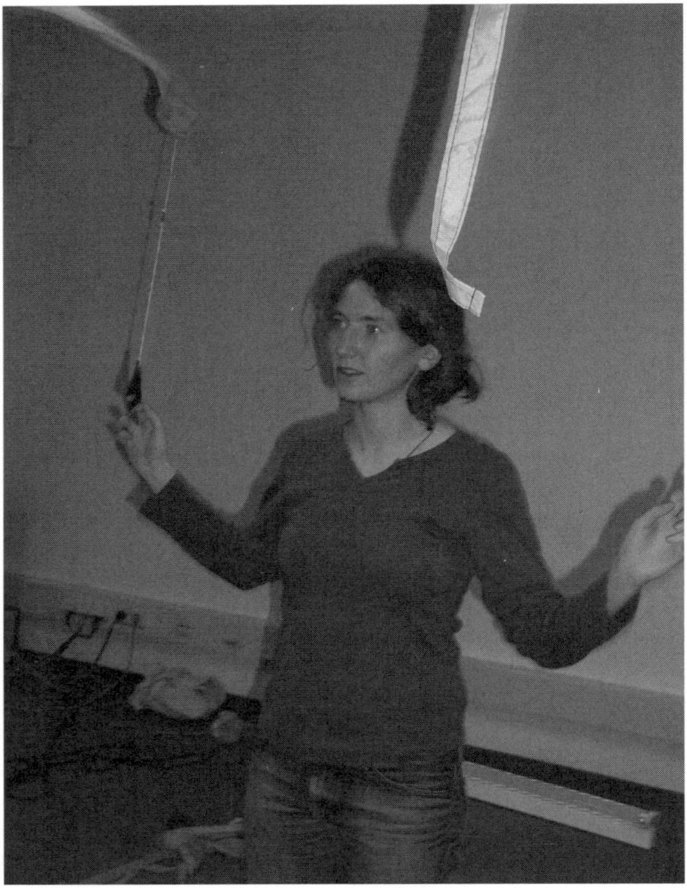

Gestatten

Geeignet für:
Pois, Schwinglis, Jongliertücher, Jonglierbälle, Jonglierkeulen, Jonglierringe, Diabolos, Devil Sticks, Teller, Zigarrenkisten, Jojos, Astrojax, Meteors, Bolas, Stäbe.

Lernziele:
- Gegenseitiges Kennenlernen.
- Eigene Vorlieben und eigenen Charakter ausdrücken.
- Namen der Mitspieler einprägen.

Rahmenbedingungen:
- Raum mit 10-15 Metern Länge und 6-10 Metern Breite oder Freigelände.
- Zeitdauer 10-15 Minuten.
- Gruppe von 10-20 Personen.
- Keine Altersbeschränkung.

Material:
- Mehrere unterschiedliche Pois.

Ablauf:
Die Spielleiterin legt unterschiedliche Pois (selbst gefertigte Pois, Kinder-Pois, Neon-Pois, Pois mit verschiedenen Schweifen und Farben, Feuer-Pois, Glow-Pois) in die Mitte des Raumes und bildet mit der Gruppe einen Kreis um die Ausstellungsstücke. Nun betrachten alle gemeinsam die Spielgeräte und jede Person überlegt sich, welches der unterschiedlichen Pois für sie am ansprechendsten ist.
Die Spielleiterin nimmt ihr persönliches „Lieblings-Poi" auf, stellt sich mit Namen vor und erzählt, weshalb sie sich gerade für dieses Poi entschieden hat. Danach legt sie das Poi wieder in die Mitte. Nun ist die nächste Person an der Reihe. Jeder Teilnehmer stellt sich so der Reihe nach vor.

Anmerkung:
Es können weitere Fragestellungen eingebracht werden:
- Woran erinnert Euch gerade dieses Poi?
- Welche persönlichen Erlebnisse verbindet Ihr damit?
- Erinnert Euch dieses Poi an eine Begebenheit im Laufe des Tages?

Schwungvoller Einstieg

Geeignet für:
Pois, Schwinglis, Jongliertücher, Jonglierbälle, Jonglierkeulen, Jonglierringe, Diabolos, Devil Sticks, Teller, Zigarrenkisten, Jojos, Astrojax, Meteors, Bolas, Stäbe.

Lernziele:
- Gegenseitiges Kennenlernen.
- Eigene Vorlieben und eigenen Charakter ausdrücken.
- Namen der Mitspielerinnen einprägen.
- Erste Schwünge üben und Schwungbezeichnungen aus: „Die Faszination der fliegenden Kugeln" einprägen.

Rahmenbedingungen:
- Raum mit 10-15 Metern Länge und 10-15 Metern Breite oder Freigelände.
- Zeitdauer 10-15 Minuten.
- Gruppe von 10-20 Personen.
- Keine Altersbeschränkung.

Material:
- Für jede Person ein Poi.

Ablauf:
Zunächst stellt der Spielleiter einige Schwünge vor, z.B. das *rechte* und das *linke Rad im zurück rollenden Wagen*, den *rechten* und den *linken Strahl in der aufgehenden Sonne*, das *rechte* und das *linke Morgenrot*, das *rechte* und das *linke Blatt im abhebenden Helikopter*, das *steigende Kreuz* der rechten und der linken Hand.
Der Spielleiter übt nun gemeinsam mit den Teilnehmerinnen alle Bewegungen. Anschliessend stellt sich jede einzelne Person mit ihrem Namen und ihrer persönlichen Lieblingsfigur vor. Natürlich sollte auch erläutert werden, warum gerade diese Schwungfigur ausgewählt wurde.

Variation:
- Die Anzahl der Schwungfiguren wird, je nach Altersstufe und Konzentrationsvermögen der Teilnehmer, reduziert oder erweitert.

Entdeckungsreise

Geeignet für:
Pois, Schwinglis, Jongliertücher, Jonglierbälle, Jonglierkeulen, Jonglierringe, Diabolos, Devil Sticks, Teller, Zigarrenkisten, Jojos, Astrojax, Meteors, Bolas, Stäbe.

Lernziele:
- Gegenseitiges Kennenlernen.
- Eigene Vorlieben und eigenen Charakter ausdrücken.
- Namen der Mitspieler einprägen.
- Erste Schwünge üben und Metaphern einprägen.

Rahmenbedingungen:
- Raum mit 10-15 Metern Länge und 10-15 Metern Breite oder Freigelände.
- Zeitdauer 15-30 Minuten.
- Gruppe von 10-20 Personen.
- Keine Altersbeschränkung.

Material:
- Für jede Person ein Poi.

Ablauf:
Zunächst stellt die Spielleiterin einige Schwünge vor, z.B. das *rechte* und *das linke Rad im voran rollenden Wagen*, den *rechten* und den *linken Strahl in der untergehenden Sonne*, das *rechte* und das *linke Abendrot*, das *rechte* und das *linke Blatt in der Helikopterlandung*, das *fallende Kreuz* der rechten und der linken Hand.
Jeder Teilnehmer sucht sich den Schwung aus, der ihm am besten gefällt. Diesen übt er nun. Sind sich alle Teilnehmerinnen im Schwingen sicher, so gehen sie auf Entdeckungsreise. Sie suchen sich einen weiteren Teilnehmer und diskutieren mit diesem über die eigenen und dessen Charaktereigenschaften, Gewohnheiten, Vorlieben, Verhaltensweisen, Körpermerkmale, usw. Finden beide ein gemeinsames Merkmal, so einigen sie sich auf einen gemeinsamen neuen Schwung, spielen diesen und machen sich auf die Suche nach einem weiteren Paar. Die beiden Paare befragen sich auf dieselbe Art und Weise und einigen sich wieder auf einen neuen Schwung. So wird das Spiel fortgeführt, bis schliesslich alle denselben Schwung schwingen und alle eine Gemeinsamkeit gefunden haben. Anschliessend kann diese Übung reflektiert werden. Hilfestellungen bieten Reflexionsfragen.

Variation:

- Die Anzahl der Schwungfiguren wird, je nach Altersstufe und Konzentrationsvermögen der Teilnehmer, reduziert oder erweitert.

Reflexionsfragen:

- Weshalb habe ich den Ausgangsschwung gewählt?
- Welche Gemeinsamkeiten habe ich mit anderen?
- War es einfach oder schwierig, Gemeinsamkeiten zu finden?
- Konnten wir uns schnell auf einen gemeinsamen Schwung einigen?
- Wie hat sich der Einigungsprozess mit zunehmender Gruppengrösse verändert?

Poi - Parade

Geeignet für:
Pois, Schwinglis, Jongliertücher, Jonglierbälle, Jonglierkeulen, Jonglierringe, Diabolos, Devil Sticks, Teller, Zigarrenkisten, Jojos, Astrojax, Meteors, Bolas, Stäbe.

Lernziele:
- Gegenseitiges Kennenlernen.
- Namen der Mitspielerinnen einprägen.
- Erste Schwünge üben und Metaphern einprägen.

Rahmenbedingungen:
- Raum mit 15-20 Metern Länge und 10-15 Metern Breite oder Freigelände.
- Zeitdauer 15-25 Minuten.
- Gruppe von 10-20 Personen.
- Alter ab 12 Jahren.

Material:
- Für jede Person ein Poi.

Ablauf:
Zunächst stellt der Spielleiter einige Schwünge vor, z.B. das *rechte* und das *linke Rad im zurück rollenden Wagen*, das *rechte* und *das linke Rad im voran rollenden Wagen*, den *rechten* und den *linken Strahl in der aufgehenden Sonne*, den *rechten* und den *linken Strahl in der untergehenden Sonne*, das *rechte* und das *linke Morgenrot*, das *rechte* und das *linke Abendrot*, das *rechte* und das *linke Blatt im abhebenden Helikopter*, das *steigende Kreuz* der rechten und der linken Hand.
Die Teilnehmerinnen stehen im Kreis, daraufhin nennt die erste ihren Namen und stellt einen Schwung vor. Nun ist die nächste an der Reihe. Sie wiederholt den Namen und den Schwung der ersten Teilnehmerin und stellt sich anschliessend mit einem neuen Schwung vor. Jetzt ist Teilnehmerin Nummer drei an der Reihe. Sie wiederholt Namen und die dazugehörigen Schwünge der ersten beiden Spielerinnen und stellt dann sich mit ihrem Namen und einem neuen Schwung vor. So setzt sich das Spiel bis zur letzten Teilnehmerin fort.
Falls die Teilnehmerinnen Schwierigkeiten haben, die einzelnen Namen und Schwünge vollständig zu wiederholen, dürfen die Mitspielerinnen Hilfestellungen geben. Eventuell können auch mehrere kleinere Gruppen gebildet werden.

Rhythmische Begrüssung

Geeignet für:
Pois, Schwinglis, Jongliertücher, Jonglierbälle, Jonglierkeulen, Jonglierringe, Diabolos, Devil Sticks, Teller, Zigarrenkisten, Jojos, Astrojax, Meteors, Bolas, Stäbe.

Lernziele:
- Gegenseitiges Kennenlernen.
- Eigene Vorlieben und eigenen Charakter ausdrücken.
- Rhythmisches Schwingen üben.
- Nonverbale Kommunikation erleben.

Rahmenbedingungen:
- Raum mit 15-20 Metern Länge und 15-20 Metern Breite oder Freigelände.
- Zeitdauer 10-15 Minuten.
- Gruppe von 10-20 Personen.
- Keine Altersbeschränkung.

Material:
- Für jede Person ein Paar Pois, Musikanlage.

Ablauf:
Jeder Teilnehmer überlegt sich einen einfachen Schwung. Nun spielt die Leiterin Musik ein. Zunächst schwingen alle ihren Schwung rhythmisch zur Musik. Dann beginnen sie im Raum umherzulaufen. Wird die Musik ausgeblendet, so suchen Sie sich einen Partner, gehen auf diesen zu, sehen ihn an und übernehmen dessen Schwung. Wenn die Musik wieder einsetzt, schwingen sie diesen weiter rhythmisch zur Musik. Während der gesamten Übung sollte nicht gesprochen werden. So lassen sich mehrere Runden mit Musikbreaks spielen.

Kopf an Kopf

Geeignet für:
Pois, Schwinglis, Jongliertücher, Jonglierbälle, Jonglierkeulen, Jonglierringe, Diabolos, Devil Sticks, Teller, Zigarrenkisten, Jojos, Astrojax, Meteors, Bolas, Stäbe.

Lernziele:
- Gegenseitiges Kennenlernen.
- Körperlichkeit und Körperkontakt erleben.
- Kreativität fördern.
- Beweglichkeit üben.

Rahmenbedingungen:
- Raum mit mindestens 15-20 Metern Länge und mindestens 10-15 Metern Breite oder Freigelände.
- Zeitdauer 10-15 Minuten.
- Gruppe von 10-20 Personen.
- Keine Altersbeschränkung.

Material:
- Für jede Person ein Paar Pois.

Ablauf:
Jeder Teilnehmer überlegt sich einen einfachen Schwung. Diesen schwingt er und bewegt sich dazu im Raum. Auf ein Stichwort der Spielleiterin sucht sich jeder einen Partner. Nun gibt die Spielleitung ein Körperteil vor (z.B. Kopf). Alle haben nun die Aufgabe, weiterhin zu schwingen und sich dabei durch eine Kopf an Kopf Berührung mit ihrem Partner zu begrüssen. In der folgenden Spielrunde wird ein neues Körperteil vorgegeben.

Schwingernetz

Geeignet für:
Pois, Schwinglis, Jongliertücher, Jonglierbälle, Jonglierkeulen, Jonglierringe, Diabolos, Devil Sticks, Teller, Zigarrenkisten, Jojos, Astrojax, Meteors, Bolas, Stäbe.

Lernziele:
- Gegenseitiges Kennenlernen.
- Zusammenarbeit fördern.

Rahmenbedingungen:
- Raum mit mindestens 10-15 Metern Länge und mindestens 6-10 Metern Breite oder Freigelände.
- Zeitdauer 10-15 Minuten.
- Gruppe von 10-20 Personen.
- Keine Altersbeschränkung.

Material:
- Für jede Person ein Paar Pois.

Ablauf:
Die Teilnehmerinnen stehen im Kreis. Zunächst nennt jede der Reihe nach ihren Namen. Der Spielleiter beginnt, den *voran rollenden Wagen* zu schwingen. Er sagt „Schwinger ...(sein eigener Name) dockt Schwingerin... (Namen einer Teilnehmerin) an“. Dabei blickt er diese an. Diese beginnt, den *zurück rollenden Wagen* zu schwingen. Der Spielleiter unterbricht das Schwingen. Die genannte Teilnehmerin sucht sich eine neue Person in der Runde aus, blickt diese an und sagt „Schwingerin ...(ihr eigener Name) dockt Schwingerin... (Namen der ausgewählten Person) an“. Nun beginnt diese Person zu schwingen. So setzt sich das Spiel fort.

Spiele

mit

Bewegung

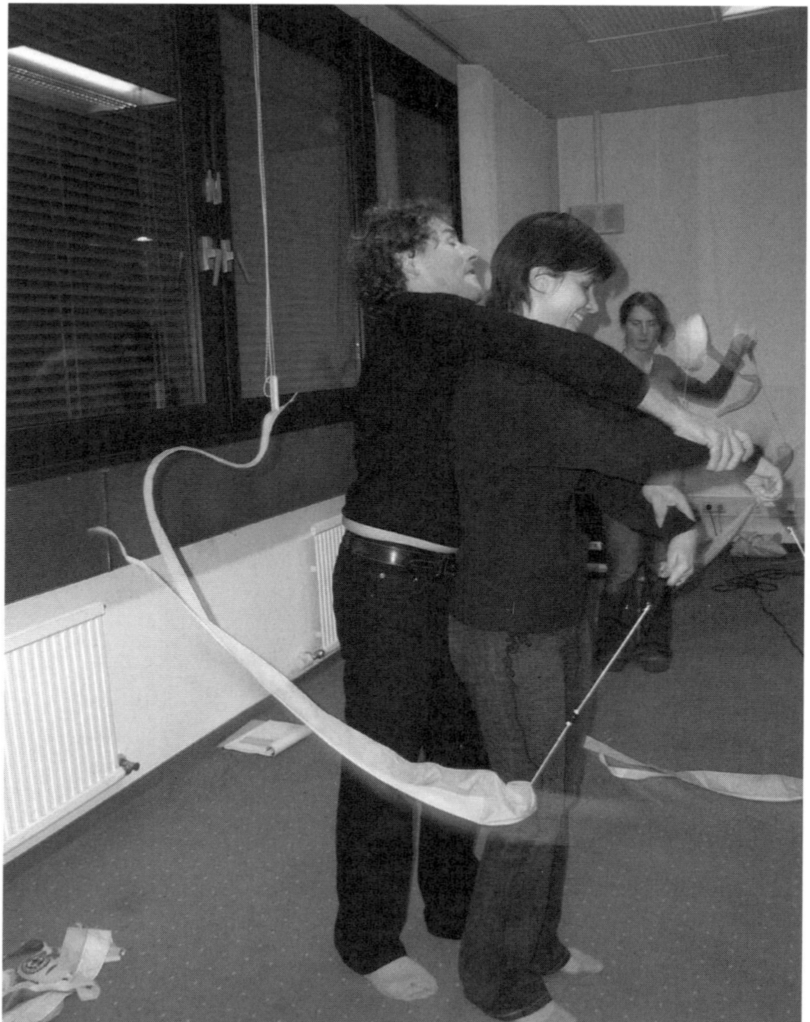

Poi - Jagd

Geeignet für:
Pois, Schwinglis, Jonglierbälle, Jonglierkeulen, Jonglierringe, Diabolos, Teller, Zigarrenkisten, Astrojax, Meteors.

Lernziele:

- Gefühl für die Flugeigenschaft und das Schwungverhalten des Pois entwickeln.
- Geschicklichkeit im Umgang mit Pois trainieren.
- Körperliche Fitness verbessern.
- Zusammenarbeit in der Gruppe fördern.

Rahmenbedingungen:

- Raum mit 20-30 Metern Länge, 20-30 Metern Breite und mindestens 5-8 Metern Höhe oder Freigelände.
- Zeitdauer 20-40 Minuten.
- Gruppe von 10-20 Personen.
- Keine Altersbeschränkung.

Material:

- Ein Poi.

Ablauf:
Die Mitspieler werden in zwei gleichgrosse Gruppen aufgeteilt. Eine ist die „Werfergruppe", die andere die „Störergruppe". Aufgabe der „Werfergruppe" ist es, sich das Poi gegenseitig aus dem Schwingen zuzuwerfen. Die „Störergruppe" soll sie daran hindern. Jede Person der „Werfergruppe" spielt vor dem Wurf mindestens einen, jedoch nicht mehr als drei geschlossene Kreise und wirft das Poi anschliessend einer anderen Person der eigenen Mannschaft zu. Diese fängt das Poi auf und wirft es nach einem bis drei geschwungenen Kreisen an den nächsten Mitspieler seiner Mannschaft weiter. Er darf das Poi nicht an die Person zurückwerfen, von welcher er es zugespielt bekam. Es müssen vier Zuspiele oder Würfe in Folge gelingen, ohne dass ein Mitglied der anderen Gruppe die Wurfkette erfolgreich stört. Gelingt der „Störergruppe" das Fangen des Pois oder das Unterbrechen des Schwingens, so werden die Rollen der beiden Gruppen getauscht. Gelingen einer Gruppe vier erfolgreiche Würfe, so erhält diese einen Punkt. Siegermannschaft ist diejenige Gruppe, die zuerst fünf Punkte erreicht. Das Berühren der anderen Spieler ist nicht erlaubt.

Poi - Hagel

Geeignet für:
Pois, Schwinglis, Jonglierbälle.

Lernziele:
- Koordination üben.
- Geschicklichkeit im Umgang mit Pois trainieren.
- Zusammenarbeit in der Gruppe fördern.
- Frustrationserlebnisse überwinden.

Rahmenbedingungen:
- Raum mit 15-20 Metern Länge, 15-20 Metern Breite und mindestens 5-8 Metern Höhe oder Freigelände.
- Zeitdauer 15-25 Minuten.
- Gruppe von 10-20 Personen.
- Keine Altersbeschränkung.

Material:
- Ein Paar Pois für jede Spielerin im Kreis, Musikanlage.

Ablauf:
Die Gruppe bildet einen Kreis. Die Spielerinnen schwingen den *zurück rollenden Wagen*. Zwei Personen stehen Rücken an Rücken in der Kreismitte. Diese sind die Fängerinnen. Der Spielleiter spielt Musik ein. Wenn er die Musik unterbricht, werfen alle Spielerinnen des Kreises ihre Pois in hohem Bogen in die Mitte des Kreises, so dass sie in etwa über den Köpfen der Fängerinnen „nieder hageln". Diese haben die Möglichkeit die Pois zu fangen. Die Aufgabe der Fängerinnen ist es, als Team, so viele Pois als möglich zu fangen. Pois, die vor dem Fangen den Boden erreichen, dürfen nicht als Trophäe beansprucht werden. Nun werden die erhaschten Pois gezählt. Für jedes erfolgreich gefangene Poi erhalten die Fängerinnen einen Punkt. Jetzt darf sich ein neues Spielerinnenpaar als Fängerinnen versuchen. Das Paar mit der höchsten Anzahl an Punkten ist Sieger des Spieles.

Variation:
- Je nach Gruppengrösse kann die Anzahl der Fängerinnen vergrössert werden.

Reflexionsfragen:

- Wie schwer war es, möglichst viele Pois zu fangen?
- Wie seid Ihr mit der frustrierenden Erfahrung umgegangen, nicht soviel gefangen zu haben, wie Ihr erwartet hattet?

Anmerkung:
Die verwendeten Gegenstände sollten keinesfalls zu hart sein.

Wagen, Sonne, Helikopter

Geeignet für:
Pois, Schwinglis, Jonglierbälle, Jonglierkeulen, Jonglierringe, Diabolos, Jojos, Astrojax, Meteors, Bolas.

Lernziele:
- Koordination üben.
- Geschicklichkeit im Umgang mit Pois trainieren.
- Körperliche Fitness verbessern.
- Zusammenarbeit in der Gruppe fördern.
- Reaktionsgeschwindigkeit testen.

Rahmenbedingungen:
- Raum mit 25-30 Metern Länge und 10-20 Metern Breite oder Freigelände.
- Zeitdauer 10-30 Minuten.
- Gruppe von 10-20 Personen.
- Keine Altersbeschränkung.

Material:
- Für jeden Mitspieler ein Paar Pois.

Ablauf:
Die Spieler bilden zwei Gruppen. Gemeinsam vereinbaren sie eine Schwungfigur (*Wagen, Sonne* oder *Helikopter*), die sie anschliessend gemeinsam schwingen werden (ähnlich dem Knobeln). Nun stellen sie sich in der Mitte der Spielfläche im Abstand von ca. drei Metern in zwei Reihen gegenüber auf. Auf Kommando der Spielleiterin: „*Wagen Sonne, Helikopter*“ schwingen sie ihre Figur. Die Gruppe mit der unterlegenen Figur läuft nach hinten bis zum Ende des Spielfeldes in einer Entfernung von fünf bis acht Metern. Die andere Gruppe versucht die Fliehenden durch Abschlagen mit den Pois zu fangen. **Vorsicht: Nicht zu fest abschlagen.** Sowohl Fänger als auch Fliehende schwingen ihre jeweilige Figur während des Laufens weiter. Gefangene Personen wechseln zur anderen Gruppe. Das Spiel endet, wenn alle Personen in einer Gruppe sind.

Einander schlagende Figuren:
Sonne schlägt *Wagen*
Wagen schlägt *Helikopter*
Helikopter schlägt *Sonne*

Anmerkung:
Zwischen den Spielern in einer Reihe sollte genügend Freiraum liegen, damit sie sich ungehindert bewegen können.

Und tschüss

Geeignet für:
Pois, Schwinglis, Jonglierbälle, Jonglierkeulen, Jonglierringe, Jojos, Astrojax, Meteors, Bolas.

Lernziele:
- Geschicklichkeit im Umgang mit Pois trainieren.
- Körperliche Fitness verbessern.
- Schmerzerfahrung thematisieren.
- Reaktionsgeschwindigkeit testen.

Rahmenbedingungen:
- Raum mit 20-30 Metern Länge und 20-30 Metern Breite oder Freigelände.
- Zeitdauer 10-20 Minuten.
- Gruppe von 10-20 Personen.
- Keine Altersbeschränkung.

Material:
- Ein Paar Pois, eventuell Augenbinde.

Ablauf:
Eine Spielerin erhält ein Paar Pois und schwingt eine Figur aus der *Sonnen*-Gruppe. Nun versucht sie, die anderen Mitspielerinnen mit den Pois abzuschlagen. Hat sie eine Spielerin getroffen, so kommentiert sie das mit „Und tschüss...“. Die jeweils abgeschlagene Person ist ausgeschieden und verlässt das Spielfeld. Wenn nur noch eine Person verbleibt, übernimmt diese die Rolle der Fängerin. Das Spiel beginnt von vorne.

Variationen:
- Die Fängerin erhält ein einzelnes Poi.
- Die Spielerinnen fassen sich an der Hand und bilden einen Kreis. Die Fängerin steht in der Kreismitte. Ihr werden die Augen verbunden und sie versucht, blind eine einzelne Teilnehmerin abzuschlagen. Gelingt dies, darf sie eine neue Fängerin bestimmen.

Anmerkung:
Besonders ist darauf zu achten, dass die Fängerin ohne Unterbrechung schwingt und nicht zu hart zuschlägt.

Jeder gegen jeden

Geeignet für:
Pois, Schwinglis, Jonglierbälle, Jonglierkeulen, Jonglierringe, Jojos, Astrojax, Meteors, Bolas.

Lernziele:
- Geschicklichkeit im Umgang mit Pois trainieren.
- Körperliche Fitness verbessern.
- Schmerzerfahrung thematisieren.
- Reaktionsgeschwindigkeit testen.

Rahmenbedingungen:
- Raum mit 20-30 Metern Länge und 20-30 Metern Breite oder Freigelände.
- Zeitdauer 10-20 Minuten.
- Gruppe von 10-20 Personen.
- Keine Altersbeschränkung.

Material:
- Ein Paar Pois für jeden Teilnehmer.

Ablauf:
Jeder Spieler erhält ein Paar Pois und schwingt eine Figur aus der *Sonnen*-Gruppe. Nun versucht er, die anderen Mitspieler mit den Pois abzuschlagen, muss aber dabei aufpassen, nicht selbst abgeschlagen zu werden, da die anderen dies auch mit ihm versuchen. Ausgeschieden ist, wer abgeschlagen wird. Ausgeschiedene Personen verlassen das Spielfeld. Zuletzt verbleibt nur noch der Sieger auf dem Feld. Das Spiel beginnt von vorne.

Variation:
- Die Spieler erhalten nur ein Poi.

Anmerkung:
Besonders ist darauf zu achten, dass die Spieler ohne Unterbrechung schwingen und nicht zu hart zuschlagen.

Paarschutz

Geeignet für:
Pois, Schwinglis, Jonglierbälle, Jonglierkeulen, Jonglierringe, Jojos, Astrojax, Meteors, Bolas.

Lernziele:
- Geschicklichkeit im Umgang mit Pois trainieren.
- Körperliche Fitness verbessern.
- Spass am Spiel und an der Bewegung erleben.
- Reaktionsgeschwindigkeit testen.

Rahmenbedingungen:
- Raum mit 20-30 Metern Länge und 20-30 Metern Breite oder Freigelände.
- Zeitdauer 10-20 Minuten.
- Gruppe von 10-20 Personen.
- Keine Altersbeschränkung.

Material:
- Ein Poi für jede Teilnehmerin, für die Fängerin ein Paar Pois.

Ablauf:
Die einzelnen Teilnehmerinnen erhalten jeweils ein Poi und schwingen wahlweise das *rechte* oder das *linke Rad im zurück* oder *voran rollenden Wagen*. Schwingend laufen sie im Raum umher. Eine Teilnehmerin ist die Fängerin und spielt zwei Pois. Sie schwingt beidhändig dieselbe Schwungfigur. Nun versucht sie, die anderen Spielerinnen mit den Pois abzuschlagen. Bedrohte Spielerinnen können sich zu Paaren zusammenschliessen. Bei der Paarbildung sollten die Pois immer aussen schwingen. In dieser Position dürfen sie nicht von der Fängerin abgeschlagen werden. Ist die Gefahr gebannt, lösen sie sich wieder voneinander und laufen im Raum frei umher. Gelingt es der Fängerin, ein einzelnes Gruppenmitglied abzuschlagen, übergibt sie ein Poi an diese Spielerin. Sie übernimmt die Rolle der beidhändig spielenden Fängerin.

Variationen:
- Die Paare müssen gemeinsam immer den *voran* oder *den zurück rollenden Wagen* schwingen.
- Die Paare blicken immer in dieselbe Richtung.

Löwe und Zebras

Geeignet für:
Pois, Schwinglis, Jonglierbälle, Jonglierkeulen, Jonglierringe, Jojos, Astrojax, Meteors, Bolas.

Lernziele:
- Geschicklichkeit im Umgang mit Pois trainieren.
- Körperliche Fitness verbessern.
- Spass am Spiel und an der Bewegung erleben.
- Reaktionsgeschwindigkeit testen.

Rahmenbedingungen:
- Raum mit 20-30 Metern Länge und 10-15 Metern Breite oder Freigelände.
- Zeitdauer 10-20 Minuten.
- Gruppe von 10-20 Personen.
- Keine Altersbeschränkung.

Material:
- Ein Poi für den Löwen.

Ablauf:
Aus der Gruppe wird ein Spieler als Löwe gewählt. Alle restlichen Spieler sind Zebras. Die Zebras bestimmen aus ihrer Mitte das schwächste Zebra. Der Löwe darf nicht erfahren, wer bestimmt wurde. Haben sich die Zebras geeinigt, so stellen sie sich an einer Breitseite der Spielfeldbegrenzung auf, der Löwe an der gegenüberliegenden. Zebras und Löwe laufen nun aufeinander zu. Der Löwe versucht, das Poi über dem Kopf schwingend, Zebras abzuschlagen. Abgeschlagene Zebras scheiden aus. Wichtigste Aufgabe des Löwen ist es, das schwächste Zebra abzuschlagen. Bleibt dieses am Ende alleine übrig, so haben die Zebras gewonnen. Schlägt der Löwe dieses vorzeitig ab, trägt er den Sieg davon. Ist das Spielfeld von allen Zebras durchlaufen, stellt sich der Löwe wieder an der gegenüberliegenden Seite auf. Jetzt laufen wieder Zebras und Löwe aufeinander zu.

Anmerkung:
Besonders ist darauf zu achten, dass der Löwe ohne Unterbrechung schwingt und nicht zu hart zuschlägt.

Poi - Schlange

Geeignet für:
Pois, Schwinglis, Jonglierbälle, Jonglierkeulen, Jonglierringe, Jojos, Astrojax, Meteors, Bolas.

Lernziele:

- Geschicklichkeit im Umgang mit Pois trainieren.
- Körperliche Fitness verbessern.
- Spass am Spiel und an der Bewegung erleben.
- Reaktionsgeschwindigkeit testen.

Rahmenbedingungen:

- Raum mit 10-15 Metern Länge und 6-10 Metern Breite oder Freigelände.
- Zeitdauer 10-20 Minuten.
- Gruppe von 6-10 Personen.
- Keine Altersbeschränkung.

Material:

- Ein Paar Pois für den Schlangenkopf.

Ablauf:
Alle Spielerinnen bilden eine Schlange und fassen sich um die Hüfte. Den Schlangenkopf bildet die erste Spielerin in der Reihe. Sie schwingt die *aufgehende Sonne* und versucht dabei den Schwanz, die letzte Person in der Reihe, abzuschlagen. Der Schlangenkörper versucht, den Schlangenkopf durch Ausweichmanöver daran zu hindern.

Variationen:

- Es bilden sich mehrere kleine Schlangen.
- Der Schlangenkopf oder die gesamte Schlange bewegt sich während des Fangens auf einem Bein hüpfend oder im Entengang.
- Der Schlangenkopf schwingt nur ein Poi.
- Der Schlangenkopf spielt eine andere Schwungfigur, z.B. den *voran rollenden Wagen,* den *abhebenden Helikopter* oder das *steigende Kreuz.*

Anmerkung:
Besonders ist darauf achten, dass der Schlangenkopf ohne Unterbrechung schwingt und nicht zu hart zuschlägt.

Poi - Schlag

Geeignet für:
Pois, Schwinglis, Jonglierkeulen, Jojos, Astrojax, Meteors, Bolas.

Lernziele:
- Geschicklichkeit im Umgang mit Pois trainieren.
- Körperliche Fitness verbessern.
- Spass am Spiel und an der Bewegung erleben.
- Reaktionsgeschwindigkeit testen.
- Umgang mit Aggressionen üben und thematisieren.

Rahmenbedingungen:
- Raum mit 10-15 Metern Länge und 10-15 Metern Breite oder Freigelände.
- Zeitdauer 10-20 Minuten.
- Gruppe von 10-15 Personen.
- Keine Altersbeschränkung.

Material:
- Ein Poi.

Ablauf:
Alle Spieler stehen breitbeinig im Kreis mit Blickkontakt zueinander. In der Kreismitte befindet sich ein Spieler, der ein Poi schwingt. Nun ruft der Schwinger den Namen eines Mitspielers aus dem Kreis. Der gerufene Mitspieler muss so schnell wie möglich den Namen eines weiteren Mitspielers aus der Runde rufen. Falls der Schwinger es schafft, den gerufenen Spieler abzuschlagen, bevor dieser den weiteren Namen ausspricht, legt er das Poi in die Mitte und versucht, durch die Beine eines beliebigen Mitspielers zu kriechen, bevor ihn der zuerst gerufene und abgeschlagene Spieler mit dem dann wieder schwingenden Poi abschlägt. Schafft er das, so muss der abgeschlagene Spieler in die Kreismitte. Wenn nicht, bleibt der Einzelkämpfer in der Kreismitte.

Anmerkung:
Besonders ist darauf zu achten, dass die Spieler ohne Unterbrechung schwingen und nicht zu hart zuschlagen.

Stiller Platzwechsel

Geeignet für:
Pois, Schwinglis, Jonglierkeulen, Diabolos, Jojos, Astrojax, Meteors, Bolas.

Lernziele:
- Koordination üben.
- Geschicklichkeit im Umgang mit Pois trainieren.
- Akustische Wahrnehmung trainieren.
- Reaktionsgeschwindigkeit verbessern.
- Bewegung bewusst erleben und den Bewegungsapparat trainieren.

Rahmenbedingungen:
- Raum mit 6-10 Metern Länge und 6-10 Metern Breite oder Freigelände.
- Zeitdauer 10-15 Minuten.
- Gruppe von 10-20 Personen.
- Keine Altersbeschränkung.

Material:
- Ein Poi und eine Augenbinde.

Ablauf:
Die Gruppe bildet einen Kreis. Jede Person erhält eine Nummer. In der Mitte steht eine Person, die mit verbundenen Augen ein Poi schwingt. Diese gibt vor, welche beiden Nummern die Plätze tauschen sollen. Die Zentralspielerin versucht eine der platzwechselnden Spielerinnen abzuschlagen. Gelingt ihr dies, so muss die abgeschlagene Spielerin ihre Position einnehmen. Kann sie keine der beiden Personen während des Platzwechsels abschlagen, muss sie erneut zwei Nummern angeben, die dann wieder die Plätze tauschen sollen. Während des Platztausches darf nicht gesprochen werden.

Anmerkung:
Besonders ist wiederum darauf zu achten, dass die Spielerin in der Kreismitte ohne Unterbrechung schwingt und nicht zu hart zuschlägt.

Zielscheibe

Geeignet für:
Pois, Schwinglis, Jonglierkeulen, Jojos, Astrojax, Meteors, Bolas.

Lernziele:
- Geschicklichkeit im Umgang mit Pois trainieren.
- Reaktionsgeschwindigkeit verbessern.
- Spass am Spiel und an der Bewegung erleben.

Rahmenbedingungen:
- Raum mit 20-30 Metern Länge und 20-30 Metern Breite oder Freigelände.
- Zeitdauer 10-15 Minuten.
- Gruppe von 12-20 Personen.
- Keine Altersbeschränkung.

Material:
- Ein Paar Pois für vier Personen.

Ablauf:
Die Spieler unterteilen sich in Vierergruppen. Je drei Personen fassen sich an den Händen und bilden so einen kleinen Kreis. Eine Person im Kreis ist die Zielscheibe. Die vierte Person steht ausserhalb des Kreises und ist der Schütze. Dieser Schütze versucht, während er mit beiden Händen Pois schwingt, die Zielscheibe mit den Pois abzuschlagen. Die drei Spieler im Kreis versuchen ihn durch geschicktes Ausweichen daran zu hindern. Der Schütze darf sich nicht über den Kreis beugen und es genügt nicht, Arme oder Hände abzuschlagen. Er muss die Zielscheibe auf den Rücken treffen. Gelingt ihm dies, wird ein neuer Schütze und eine neue Zielscheibe gewählt.

Variationen:
- Die Spieler im Kreis fassen sich um die Schultern. Dies erleichtert das Abschlagen der Zielscheibe für den Schützen.
- Anstatt drei Personen bilden vier oder mehr Personen den Kreis.
- Zwei Schützen jagen die Zielscheibe.

Anmerkung:
Besonders ist darauf zu achten, dass die Schützen ohne Unterbrechung schwingen und nicht zu hart auf die Zielscheibe schlagen.

Schattenjägerin

Geeignet für:
Pois, Schwinglis, Jonglierbälle, Jonglierkeulen, Jonglierringe, Jojos, Astrojax, Meteors, Bolas.

Lernziele:
- Geschicklichkeit im Umgang mit Pois trainieren.
- Körperliche Fitness verbessern.
- Reaktionsgeschwindigkeit testen.
- Spass am Spiel und an der Bewegung erleben.

Rahmenbedingungen:
- Freigelände und sonniges Wetter.
- Zeitdauer 10-20 Minuten.
- Gruppe von 10-20 Personen.
- Keine Altersbeschränkung.

Material:
- Ein Paar Pois.

Ablauf:
Eine Spielerin schwingt beidhändig eine Figur aus der *Wagen*-Gruppe. Nun versucht sie, den von der Sonneneinstrahlung geworfenen Schatten einer anderen Mitspielerin mit den Pois abzuschlagen. Keinesfalls darf sie die Person treffen. Ist der Schatten einer Spielerin abgeschlagen, so ist die betreffende Person ausgeschieden und muss das Spielfeld verlassen. Wenn nur noch eine Person übrig ist, übernimmt diese die Rolle der Schattenjägerin und das Spiel beginnt von vorne.

Variationen:
- Die Schattenjägerin erhält nur ein einzelnes Poi.
- Ist der Schatten einer Spielerin abgeschlagen, scheidet sie nicht aus, sondern übernimmt die Rolle der Schattenjägerin.

Stop And Go

Geeignet für:
Pois, Schwinglis, Jonglierbälle, Jonglierringe, Jonglierkeulen, Diabolos, Astrojax, Meteors, Bolas.

Lernziele:
- Werfen und Fangen üben.
- Körperliche Fitness verbessern.
- Reaktionsgeschwindigkeit testen.

Rahmenbedingungen:
- Raum mit 20-30 Metern Länge und 20-30 Metern Breite oder Freigelände.
- Zeitdauer 20-40 Minuten.
- Gruppe von 10-20 Personen.
- Keine Altersbeschränkung.

Material:
- Ein Poi.

Ablauf:
Alle Spieler stehen nahe beieinander. Ein Spieler schwingt das Poi und wirft es anschliessend in die Luft. Dabei ruft er den Namen eines Mitspielers. Dieser muss das Poi fangen. Die anderen können soweit wie möglich weglaufen. Sobald der Gerufene das Poi gefangen hat, schreit er „Stop“. Alle Mitspieler bleiben stehen. Nun darf der gerufene Mitspieler das Poi schwingen und aus dem Schwung einen anderen Mitspieler abwerfen. Allerdings muss er ankündigen, welchen Mitspieler er beabsichtigt abzuwerfen. Trifft er diesen, so bekommt der Werfer einen Punkt. Trifft er nicht, bekommt der anvisierte Spieler einen Punkt. Der anvisierte Spieler ist nun an der Reihe, das Poi hochzuwerfen und dabei einen Namen zu rufen. Hat ein Spieler zehn Punkte, ist das Spiel vorüber und es kann ein neuer Durchgang beginnen.

Variation:
- Es können mehrere Kleingruppen gebildet werden.

Kommunikation

im

Spiel

Einführung zur Kommunikation

Geeignet für:
Pois, Schwinglis, Jongliertücher, Jonglierbälle, Jonglierringe, Jonglierkeulen, Diabolos, Devil Sticks, Teller, Zigarrenkisten, Jojos, Astrojax, Meteors, Bolas, Stäbe.

Lernziele:
- Über die Bedeutung von Kommunikation sprechen und sich dieser bewusst werden.
- Verschiedene Aspekte von Kommunikation thematisieren.
- Methode präsentieren und Arbeitsgerät vorstellen.
- Vertrautwerden mit dem Poi-Schwingen.

Rahmen:
- Raum mit 15-20 Metern Länge und 15-20 Metern Breite oder Freigelände.
- Zeitdauer 10-20 Minuten.
- Gruppe von 10-15 Personen.
- Alter ab 14 Jahren.

Material:
- Für jede Teilnehmerin ein Paar Pois.

Ablauf:
Die Leitung referiert kurz über die Bedeutung und die Notwendigkeit von Kommunikation. Kommunikation ist wichtig, um Informationen auszutauschen, Gefühle auszudrücken, gemeinsam ein Ziel zu erreichen, Beziehungen eingehen zu können, usw. Es können die Kommunikationsthesen von Watzlawick oder das: „Sender-Empfänger-Modell“ von Schulz von Thun thematisiert werden.
Anschliessend werden die Pois kurz vorgestellt. Die Leitung weist die Teilnehmer kurz in das Poi-Schwingen ein. Erklärt werden müssen die Handhaltung der Pois und die einfachen Grundschwünge zum Poi-Schwingen, siehe: „Die Faszination der fliegenden Kugeln“.

Eigenen Raum einnehmen

Geeignet für:
Pois, Schwinglis, Jongliertücher, Jonglierbälle, Jonglierkeulen, Jonglierringe, Diabolos, Devil Sticks, Teller, Zigarrenkisten, Jojos, Astrojax, Meteors, Bolas, Stäbe.

Lernziele:
- Erleben des metaphorischen Szenarios: Eigenen Raum beim Poi-Schwingen einnehmen und anderen ihren Raum gewähren.
- Das metaphorische Erleben wichtiger Grundvoraussetzungen für Kommunikation ermöglichen.
- Bewusstmachen weniger bewusster Verhaltensweisen.
- Auseinandersetzung mit dem eigenen Erleben.
- Transfer zum Alltag oder zur Gruppensituation herstellen.
- Selbst- und Fremdwahrnehmung thematisieren.

Rahmen:
- Raum mit 10-15 Metern Länge und 10-15 Metern Breite oder Freigelände.
- Zeitdauer 10-20 Minuten.
- Gruppe von 10-15 Personen.
- Alter ab 14 Jahren.

Material:
- Für jeden Teilnehmer ein Paar Pois.

Ablauf:
Jeder Teilnehmer bekommt ein Paar Pois und alle verteilen sich im Raum. Anschliessend formuliert die Leiterin folgenden Arbeitsauftrag: Jede Person soll „frei“ schwingen, d.h. nach Lust und Laune, aber dabei keine andere Person behindern. Danach folgt die Reflexionsphase.

Reflexionsfragen:
- Wie hast Du Dich und die anderen beim Poi-Schwingen erlebt?
- Konntest Du Deinen Raum einnehmen und den anderen ihren Raum gewähren?
- Warum ist es in der Kommunikation oder in der Beziehung mit anderen wichtig, selbst einen gewissen Raum einzunehmen und diesen auch anderen zu gewähren?
- Was geschieht, wenn sich eine Person in einem Kommunikationsprozess eingeengt fühlt oder zuviel Raum einnimmt?
- Welche Auswirkungen kann dies auf eine Gruppe haben?

Beziehung eingehen

Geeignet für:
Pois, Schwinglis, Jongliertücher, Jonglierbälle, Jonglierkeulen, Jonglierringe, Diabolos, Devil Sticks, Teller, Zigarrenkisten, Jojos, Astrojax, Meteors, Bolas, Stäbe.

Lernziele:
- Wahrnehmung schulen.
- Gemeinsamen Rhythmus finden.
- „Sich aufeinander einlassen" üben.
- Selbst- und Fremdwahrnehmung schulen.
- Gemeinsam die *aufgehende Sonne* schwingen.
- Eigene Aktion und eigenes Kommunikationsverhalten bewusst machen.
- Beziehungsverhalten thematisieren.
- Umgang mit Frust und Erfolg bewusst machen.

Rahmen:
- Raum mit 10-15 Metern Länge und 10-15 Metern Breite oder Freigelände.
- Zeitdauer 20-30 Minuten.
- Gruppe von 10-15 Personen.
- Alter ab 14 Jahren.

Material:
- Für jede Teilnehmerin ein Poi.

Ablauf:
Es bilden sich Paare, die sich nebeneinander stellen. Sie sollen gemeinsam die *aufgehende Sonne* schwingen. Dabei führen die einzelnen Personen das Poi mit der Aussenhand. Die innere Hand umfasst die Schulter der Partnerin. Anschliessend folgt die Reflexion.

Reflexionsfragen:
- Wie hast Du Dich und den Partner beim Poi-Schwingen erlebt?
- Konntet Ihr Euch gut aufeinander einlassen?
- Wo lagen die Schwierigkeiten?
- Was war wichtig, um erfolgreich schwingen zu können?
- Wie seid Ihr mit Frustrationen umgegangen?
- Welche Schlüsse lassen sich im Hinblick auf Kommunikation ziehen?
- Was ist wichtig, um erfolgreich kommunizieren zu können?

Gemeinsam in der Gruppe ein Ziel erreichen

Geeignet für:
Pois, Schwinglis, Jongliertücher, Jonglierbälle, Jonglierkeulen, Jonglierringe, Diabolos, Devil Sticks, Teller, Zigarrenkisten, Jojos, Astrojax, Meteors, Bolas, Stäbe.

Lernziele:

- Gemeinsames Schwingen in der Gruppe erleben.
- Den eigenen Rhythmus in die Gruppe einbringen.
- Empathie üben.
- Gemeinsam ein Ziel erreichen.
- Nonverbale Kommunikation in der Gruppe erleben.
- Wahrnehmung schulen.
- Gemeinsamen Rhythmus finden.
- „Sich aufeinander einlassen“ üben.
- Selbst- und Fremdwahrnehmung schulen.
- Eigene Aktion und Kommunikationsverhalten bewusst machen.
- Beziehungsverhalten thematisieren.
- Umgang mit Erfolg und Misserfolg bewusst machen.
- Konstruktives Arbeiten in einer Gruppe und die eigene Rolle dabei thematisieren.
- Auseinandersetzung mit Regeln und Normen in einer Gruppe.

Rahmen:

- Raum mit 10-15 Metern Länge und 10-15 Metern Breite oder Freigelände.
- Zeitdauer 20-30 Minuten.
- Gruppe von 10-15 Personen.
- Alter ab 14 Jahren.

Material:

- Für jede Teilnehmerin ein Poi.

Ablauf:
Die Teilnehmerinnen stehen im Kreis. Alle schwingen *das rechte Rad im zurück rollenden Wagen.* Die Leitung gibt den Rhythmus vor. Nun versuchen alle, im gleichen Rhythmus zu schwingen. Anschliessend schwingen alle eine Acht rechts und links neben dem Körper. Danach folgt die Reflexionsphase.

Reflexionsfragen:

- Wie hast Du Dich und die anderen beim Poi-Schwingen erlebt?
- Wurde das Ziel erreicht?
- Warum wurde es erreicht - warum nicht?
- Was ist notwendig, um gemeinsam in der Gruppe ein Ziel zu erreichen?
- Welche Bedeutung kommt der eigenen Wahrnehmung und der Wahrnehmung der anderen zu?
- Welche Aufgabe haben die einzelnen Personen?
- Welche Bedeutung kommt der Leitung zu?

Der Rahmen soll stimmen

Geeignet für:
Pois, Schwinglis, Jongliertücher, Jonglierbälle, Jonglierkeulen, Jonglierringe, Diabolos, Devil Sticks, Teller, Zigarrenkisten, Jojos, Astrojax, Meteors, Bolas, Stäbe.

Lernziele:

- Bewusstmachen und Erleben unterschiedlicher Rahmenbedingungen beim Poi-Schwingen.
- Auseinandersetzung mit notwendigen Rahmenbedingungen zur Kommunikation.

Rahmen:

- Raum mit 10-15 Metern Länge und 10-15 Metern Breite, wenn möglich abdunkelbar.
- Zeitdauer 20-30 Minuten.
- Gruppe von 10-15 Personen.
- Alter ab 14 Jahren.

Material:

- Für jeden Teilnehmer ein Paar Neon-Pois, Musikanlage, eventuell Schwarzlicht.

Ablauf:
Die Teilnehmer werden zum Schwingen aufgefordert. Anschliessend spielt die Leiterin Musik ein. Danach wird das Licht gelöscht und im Dunkeln geschwungen. Im nächsten Übungsteil schaltet die Leiterin das Schwarzlicht zu. Zum Abschluss wird die Musik wieder ausgeblendet und nur im Schwarzlicht geschwungen. Anschliessend folgt die Reflexionsphase.

Reflexionsfragen:

- Wie hast Du die veränderten Atmosphären erlebt?
- Welche Wirkung hatten die Musik und das Schwarzlicht auf Dich?
- Welche Schlüsse lassen sich hinsichtlich der Kommunikationsprozesse ziehen?
- Welcher Rahmen ist in Kommunikationsprozessen, in einer Beziehung oder in einer Gruppe notwendig?

Freiraum gewährleisten

Geeignet für:
Pois, Schwinglis, Jongliertücher, Jonglierbälle, Jonglierkeulen, Jonglierringe, Diabolos, Devil Sticks, Teller, Zigarrenkisten, Jojos, Astrojax, Meteors, Bolas, Stäbe.

Lernziele:
- Bedeutung der Persönlichkeitsentfaltung und der eigenen Wünsche und Bedürfnisse erkennen.
- Freiraum einnehmen und anderen gewähren.
- Kreativität entfalten.
- Unterschiedlichste Aspekte von Freiräumen thematisieren.

Rahmen:
- Raum mit 10-15 Metern Länge und 10-15 Metern Breite, wenn möglich abdunkelbar.
- Zeitdauer 10-20 Minuten.
- Gruppe von 10-15 Personen.
- Alter ab 14 Jahren.

Material:
- Für jede Teilnehmerin ein Paar Neon-Pois, Musikanlage, eventuell Schwarzlicht.

Ablauf:
Jede Teilnehmerin darf nach Lust und Laune zur Musik schwingen, sollte aber dabei keine andere Person einschränken.

Reflexionsfragen:
- Wie hast Du das freie Schwingen erlebt?
- Warum sind Freiräume für die einzelnen Personen in Kommunikationsprozessen und Beziehungen wichtig?
- Was geschieht, wenn in der Kommunikation oder in einer Beziehung keine Freiräume gewährt werden?

Nonverbale Kommunikation

Geeignet für:
Pois, Schwinglis, Jongliertücher, Jonglierbälle, Jonglierkeulen, Jonglierringe, Diabolos, Devil Sticks, Teller, Zigarrenkisten, Jojos, Astrojax, Meteors, Bolas, Stäbe.

Lernziele:
- Zusammenarbeit fördern.
- Auf nonverbale Signale achten.
- Beobachtung und Wahrnehmung schulen.
- Feinmotorik verbessern.
- Führung übernehmen und „Sich führen lassen" üben.

Rahmenbedingungen:
- Raum mit 15-20 Metern Länge und 15-20 Metern Breite oder Freigelände.
- Zeitdauer 15-20 Minuten.
- Gruppe von 10-20 Personen.
- Keine Altersbeschränkung.

Material:
- Für alle Mitspieler ein Paar Neon-Pois, eventuell Schwarzlicht.

Ablauf:
Die Spieler stehen mit Blickkontakt und ausreichendem Abstand zueinander im Kreis. Jemand beginnt eine beliebige Figur zu schwingen. Alle anderen schwingen diese Figur für mindestens 30 Sekunden nach. Anschliessend kann eine andere Person in eine neue Figur überleiten. Diese wird nun wieder von allen anderen übernommen. Nach weiteren 30 Sekunden übernimmt wieder eine andere Person die Initiative und bringt eine neue Figur ein, usw. Es ist wichtig, dass während der gesamten Übung nicht gesprochen wird. Anschliessend erfolgt die Auswertung.

Variationen:
- Die Spielleiterin stoppt die Zeit zwischen der Veränderung der Schwungfigur und dem Zeitpunkt des synchronen Schwingens. Die Ergebnisse werden in die Auswertung eingebracht.
- Es wird im Schwarzlicht geschwungen.

Reflexionsfragen:

- Welche Rolle habe ich übernommen?
- Habe ich schnell oder erst ziemlich spät erkannt, wenn eine neue Schwungfigur in die Runde kam?
- Haben wir es geschafft, uns wirklich aufeinander einzulassen?
- Welches Verhalten zeigten die anderen Mitspieler?
- Wie gut konnte ich mich auf die Vorgaben der anderen einlassen?

Schattentanz

Geeignet für:
Pois, Schwinglis, Jongliertücher, Jonglierbälle, Jonglierkeulen, Jonglierringe, Diabolos, Devil Sticks, Teller, Zigarrenkisten, Jojos, Astrojax, Meteors, Bolas, Stäbe.

Lernziele:
- Zusammenarbeit fördern.
- Auf nonverbale Signale achten.
- Beobachtung und Wahrnehmung schulen.
- Körperlichkeit erleben und vor anderen zeigen.
- Führung übernehmen und „Sich führen lassen“ üben.

Rahmenbedingungen:
- Raum mit 10-15 Metern Länge und 10-15 Metern Breite oder Freigelände.
- Zeitdauer 30-40 Minuten.
- Gruppe von 8-12 Personen.
- Keine Altersbeschränkung.

Material:
- Für die beiden Tänzerinnen ein Paar Neon-Pois, Musikanlage, eventuell Schwarzlicht.

Ablauf:
Zwei Spielerinnen aus der Gruppe tanzen - jeder mit einem oder zwei Pois - gemeinsam für zwei Minuten zu ruhiger meditativer Musik. Dabei ist Tänzerin B der Schatten von Tänzerin A und versucht, exakt deren Bewegungen nachzuzeichnen. Danach werden die Rollen getauscht. Die anderen Gruppenmitglieder beobachten diesen Schattentanz. Anschliessend reflektieren alle gemeinsam diesen Tanz und ein neues Paar darf tanzen.

Variation:
- Es wird im Schwarzlicht gespielt.

Reflexionsfragen:
- Wie habe ich mich in der jeweiligen Rolle gefühlt?
- Ist mir das Tanzen sehr schwer gefallen?
- War es unangenehm, von anderen beobachtet zu werden?

Domino

Geeignet für:
Pois, Schwinglis, Jongliertücher, Jonglierbälle, Jonglierkeulen, Jonglierringe, Diabolos, Devil Sticks, Teller, Zigarrenkisten, Jojos, Astrojax, Meteors, Bolas, Stäbe.

Lernziele:
- Zusammenarbeit fördern.
- Wahrnehmung schärfen.
- Nonverbale Kommunikation bewusst machen.
- Eigene Rolle thematisieren.

Rahmenbedingungen:
- Raum mit 5-10 Metern Länge und 5-10 Metern Breite oder Freigelände.
- Zeitdauer 15-20 Minuten.
- Gruppe von 10-20 Personen.
- Keine Altersbeschränkung.

Material:
- Für jeden Spieler ein Paar Pois und eine Augenbinde.

Ablauf:
Die Spieler stellen sich nach aussen gewendet in einem weiten Kreis auf. Allen Spielern werden die Augen verbunden. So schwingen sie nun gemeinsam den *voran rollenden Wagen.* Auf ein akustisches Startzeichen des Spielleiters hin, versuchen sie nun, nacheinander das Schwingen einzustellen. Stellt ein Spieler das Schwingen ein, so kündigt er dies mit dem Ausruf: „Jetzt“ an. Ansonsten darf während der Übung nicht gesprochen werden. Rufen zwei Personen gleichzeitig: „Jetzt“, so beginnt das Spiel von Neuem. Erst wenn alle nacheinander stoppen – wie beim Dominoeffekt – hat die Gruppe die Aufgabe erfüllt. Anschliessend erfolgt die Auswertung.

Reflexionsfragen:
- War es schwierig, diese Aufgabe zu erfüllen?
- Wie haben wir es geschafft oder warum haben wir es nicht geschafft?
- Wie ging es uns mit der nonverbalen Verständigung?
- Welche Rolle habe ich eingenommen – vorpreschend oder zurückhaltend?
- Haben wir und wie haben wir kommuniziert?

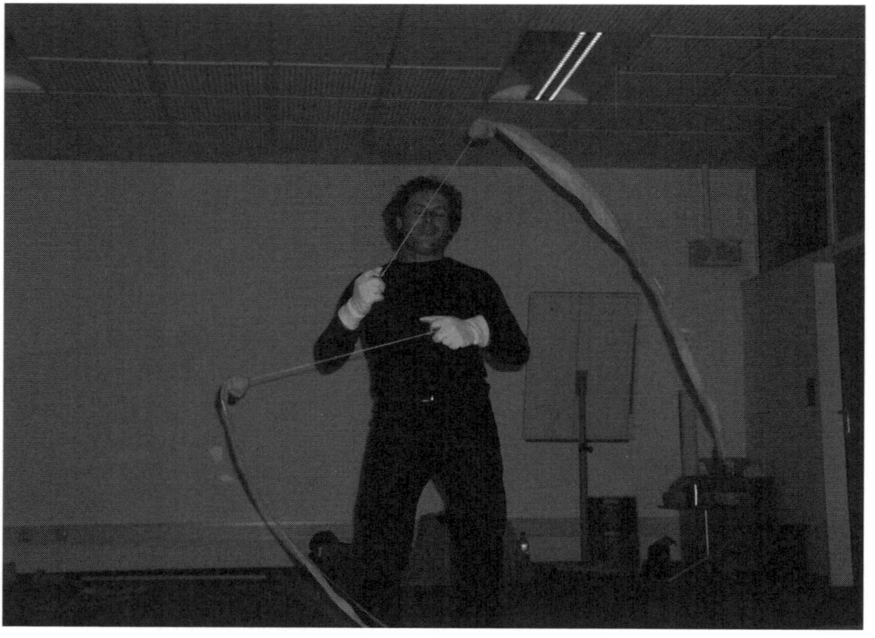

Spiegelbild

Geeignet für:
Pois, Schwinglis, Jongliertücher, Jonglierbälle, Jonglierkeulen, Jonglierringe, Diabolos, Devil Sticks, Teller, Zigarrenkisten, Jojos, Astrojax, Meteors, Bolas, Stäbe.

Lernziele:
- Zusammenarbeit fördern.
- Wahrnehmung schärfen.
- Nonverbale Kommunikation bewusst machen.
- Konzentration fördern.
- Richtungsanalyse vornehmen.
- Raum-Lage-Verständnis trainieren.

Rahmenbedingungen:
- Raum mit 10-15 Metern Länge und 10-15 Metern Breite oder Freigelände.
- Zeitdauer 10-20 Minuten.
- Gruppe von 10-20 Personen.
- Keine Altersbeschränkung.

Material:
- Für jede Spielerin ein Paar Pois.

Ablauf:
Es bilden sich Paare. Beide Spielerinnen stehen sich gegenüber. Eine beginnt mit einem bestimmten Schwung. Die andere spielt diesen genau spiegelbildlich nach. Nach einer gewissen Zeit verändert die spielangebende Akteurin den Schwung. Ihre Partnerin versucht nun wieder, spiegelbildlich nachzuschwingen. Während der Übung sollte nicht gesprochen werden. Anschliessend werden die Rollen getauscht.

Variation:
- Wenn die Akteurin den Schwung verändert, kündigt sie dies mit der Schwungbezeichnung (z.B. *zurück rollender Wagen*) an. So fällt der Partnerin das spiegelbildliche Schwingen leichter.

Reflexionsfragen:
- War es schwierig, spiegelbildlich zu schwingen?
- Wie haben wir es geschafft oder warum haben wir es nicht geschafft?
- Wie ging es uns mit der nonverbalen Verständigung?

Kooperative

Spiele

Schwingerinnen und Helfer

Geeignet für:
Pois, Schwinglis, Jonglierbälle, Jonglierkeulen, Jonglierringe, Diabolos, Devil Sticks, Teller, Zigarrenkisten, Jojos, Astrojax, Meteors, Bolas.

Lernziele:
- Zusammenarbeit fördern.
- Gemeinsame Strategien in der Gruppe erarbeiten.
- Feinmotorik schulen.

Rahmenbedingungen:
- Raum mit 20-30 Metern Länge und 10-15 Metern Breite oder Freigelände.
- Zeitdauer 20-40 Minuten.
- Gruppe von 10-20 Personen.
- Keine Altersbeschränkung.

Material:
- 10-15 Paar Pois, 4-6 Papierkörbe oder Eimer.

Ablauf:
Die Gruppe teilt sich in zwei gleichgrosse Gruppen. Eine Gruppe stellt sich in einer Reihe an einer Wurflinie auf. Sie hat die Aufgabe, die Pois aus dem Schwung in die bereitgestellten Eimer zu werfen. Vor dem Wurf sollten mindestens drei volle Umdrehungen gespielt werden. Die andere Gruppe sammelt diejenigen Pois wieder ein, die nicht in den Behältern landeten und bringt sie zur Wurflinie zurück. Die aufgestellten Eimer oder Körbe stehen in fünf bis sieben Metern Entfernung von der Wurflinie. Die Schwingerinnen dürfen die Wurflinie nicht übertreten. Die Gesamtgruppe hat zwei Minuten Zeit, soviel Treffpunkte wie möglich zu erzielen. Treffer in die Körbe, die der Gruppe am nächsten stehen, bedeuten einen Punkt, in der Mitte fünf Punkte und in die entferntesten Körbe zehn Punkte. Nach dem ersten Durchgang hat die Gesamtgruppe eine kurze Beratungszeit. Sie soll überlegen, wie sie in einem weiteren Versuch ihr vorangegangenes Ergebnis verbessern kann. Nach einigen Durchgängen tauschen die Kleingruppen die Rollen.

Reflexionsfragen:
- Wie war die Rollenverteilung?
- Konntet Ihr Euer Ergebnis verbessern und wenn ja, weshalb?
- Welche Strategien habt Ihr entwickelt?
- Wie seid Ihr mit Frustrationen umgegangen?

Schwingendes Gleichgewicht

Geeignet für:
Pois, Schwinglis, Jongliertücher, Jonglierbälle, Jonglierkeulen, Jonglierringe, Diabolos, Devil Sticks, Teller, Zigarrenkisten, Jojos, Astrojax, Meteors, Bolas, Stäbe.

Lernziele:

- Zusammenarbeit fördern.
- Gemeinsame Strategien in der Gruppe erarbeiten.
- Feinmotorik schulen.
- Gleichgewichtssinn trainieren.

Rahmenbedingungen:

- Raum mit 5-10 Metern Länge und 4-6 Metern Breite oder Freigelände.
- Zeitdauer 10-20 Minuten.
- Gruppe von 4-8 Personen.
- Keine Altersbeschränkung.

Material:

- Für jeden Spieler ein Paar Pois, insgesamt ein Rundholz mit ca. 30 cm Durchmesser, ein Brett, ein Balken oder ein Baumstamm von etwa fünf Metern Länge und 20-30 cm Breite.

Ablauf:
Das lange Brett wird auf dem Rundholz so platziert, dass eine Wippe entsteht. Die Gruppe hat nun die Aufgabe, sich so auf der Wippe zu postieren, dass das Brett für 20 Sekunden den Boden nicht mehr berührt und jede Person dabei ununterbrochen den *voran rollenden Wagen* schwingt. Je mehr Personen mitspielen, desto stärker müssen Brett oder Balken sein. Ausserdem sollte jede Person ausreichend Platz zum Schwingen haben.

Variation:

- Es können auch zwei oder mehrere Bretter auf das Rundholz gelegt werden, die gleichzeitig oder in Folge schweben sollen.

Reflexionsfragen:

- War es schwierig, diese Aufgabe zu erfüllen?
- Wie haben wir es geschafft oder warum haben wir es nicht geschafft?
- Welche Rollen haben die einzelnen Gruppenmitglieder übernommen?

Sitzkreis

Geeignet für:
Pois, Schwinglis, Jongliertücher, Jonglierbälle, Jonglierkeulen, Jonglierringe, Teller, Zigarrenkisten, Jojos, Astrojax.

Lernziele:
- Zusammenarbeit fördern.
- Gemeinsame Strategien in der Gruppe erarbeiten.
- Feinmotorik schulen.
- Gleichgewichtssinn schulen.
- Körperkontakt erleben.

Rahmenbedingungen:
- Raum mit 5-10 Metern Länge und 4-6 Metern Breite oder Freigelände.
- Zeitdauer 10 Minuten.
- Gruppe von 10-20 Personen (gerade Anzahl von Personen).
- Alter ab 9 Jahren.

Material:
- Für jede Spielerin ein Poi.

Ablauf:
Die Teilnehmerinnen bilden einen Kreis und stellen sich dabei mit Blick zum Rücken der vorderen Person in einem Abstand von einem Meter auf. Dabei schwingt der Reihe nach wechselweise eine Person das *rechte Rad im voran rollenden Wagen,* die nächste das *linke Rad im voran rollenden Wagen*. Gelingt ein gleichmässig rhythmisches Schwingen, so verkleinern die Teilnehmerinnen den Kreis, bis der Abstand zwischen den einzelnen Personen nur noch etwa einen halben Meter beträgt. Der schwierigste Übungsteil ist dann erreicht, wenn sich schliesslich jede Person auf die Oberschenkel der hinteren Person setzt. Während der gesamten Übung sollten die Teilnehmerinnen ununterbrochen schwingen.

Reflexionsfragen:
- War es schwierig, diese Aufgabe zu erfüllen?
- Wie haben wir es geschafft oder warum haben wir es nicht geschafft?
- Welche Rollen haben die einzelnen Gruppenmitglieder übernommen?

Puzzle

Geeignet für:
Pois, Schwinglis, Jongliertücher, Jonglierbälle, Jonglierkeulen, Jonglierringe, Diabolos, Devil Sticks, Teller, Zigarrenkisten, Jojos, Astrojax, Meteors, Bolas, Stäbe.

Lernziele:
- Gemeinsame Strategien in der Gruppe erarbeiten.
- Reaktionsgeschwindigkeit verbessern.

Rahmenbedingungen:
- Raum mit 10-15 Metern Länge und 10-15 Metern Breite oder Freigelände.
- Zeitdauer 10-20 Minuten.
- Gruppe von 10-20 Personen.
- Keine Altersbeschränkung.

Material:
- Für jeden Spieler ein Paar Pois, Musikanlage.

Ablauf:
Die Teilnehmer bewegen sich, die Pois zur Musik schwingend, durch den Raum. Plötzlich unterbricht die Spielleiterin die Musik und nennt einen Buchstaben, eine Zahl oder eine geometrische Form. Nun haben die Teilnehmer die Aufgabe, so schnell als möglich gemeinsam diese Zahl oder den Buchstaben zu bilden ohne dabei das Schwingen zu unterbrechen. Jeder Spieler ist ein Teil des Puzzles. Haben sie die Aufgabe gelöst, wird die Musik wieder eingespielt. Nun beginnt das Spiel von Neuem.

Variationen:
- Wenn die Musik unterbrochen wird, unterbrechen auch die Teilnehmer das Schwingen, formieren sich jedoch ebenfalls zu dem gewünschten Zeichen.
- Wird die Musik unterbrochen, so wiederholen die Teilnehmer der Reihe nach alle bisher gebildeten Figuren und erst am Ende bilden sie die Neue.

Reflexionsfragen:
- War es schwierig diese Aufgabe zu erfüllen?
- Haben wir gut zusammengearbeitet?
- Welche Rollen haben die einzelnen Gruppenmitglieder übernommen?

Wandernde Kreise

Geeignet für:
Pois, Schwinglis, Jongliertücher, Jonglierbälle, Jonglierkeulen, Jonglierringe, Diabolos, Devil Sticks, Teller, Zigarrenkisten, Jojos, Astrojax, Meteors, Bolas, Stäbe.

Lernziele:
- Zusammenarbeit fördern.
- Gemeinsame Strategien in der Gruppe erarbeiten.
- Feinmotorik schulen.
- Räumliches Vorstellungsvermögen verbessern.
- Nonverbale Kommunikation üben.

Rahmenbedingungen:
- Raum mit 30-50 Metern Länge und 20-40 Metern Breite oder Freigelände.
- Zeitdauer 10-20 Minuten.
- Gruppe von 20-60 Personen.
- Keine Altersbeschränkung.

Material:
- Für jede Spielerin ein Paar Pois, Musikanlage.

Ablauf:
Die Teilnehmerinnen bilden verschiedene Kreise. Es sollten sich immer vier bis acht Personen zueinander gesellen. In diesem Kreis schwingen sie nun gemeinsam den *zurück rollenden Wagen.* Dazu wird ruhige Musik gespielt. Der gebildete Kreis wandert durch den Raum. Die Personen eines Kreises bewegen sich also im Raum, ohne dass die Form des Kreises sich verändert oder andere Kreise behindert werden. Unterbricht die Leiterin die Musik, so lösen sich die Kreise auf und es bilden sich neue. Mit dem Einspielen der Musik bewegen sich die Kreise wieder durch den Raum.

Variation:
- Wenn die Musik unterbrochen wird, unterbrechen auch die Teilnehmerinnen das Schwingen.

Reflexionsfragen:
- War es schwierig, diese Aufgabe zu erfüllen?
- Haben wir gut zusammengearbeitet?
- Welche Rollen haben die einzelnen Gruppenmitglieder übernommen?

Salzsäule

Geeignet für:
Pois, Schwinglis, Jongliertücher, Jonglierbälle, Jonglierkeulen, Jonglierringe, Teller, Zigarrenkisten, Jojos, Astrojax, Stäbe.

Lernziele:
- Zusammenarbeit fördern.
- Gleichgewichtssinn trainieren.
- Feinmotorik schulen.
- Gegenseitige Unterstützung erleben.

Rahmenbedingungen:
- Raum mit 15-20 Metern Länge und 15-20 Metern Breite oder Freigelände.
- Zeitdauer 10-20 Minuten.
- Gruppe von 10-20 Personen.
- Keine Altersbeschränkung.

Material:
- Für jeden Spieler ein Poi, sowie einen mit Reis gefüllten Beutel oder ein Säckchen.

Ablauf:
Jeder Teilnehmer erhält ein Poi und ein mit Reis gefülltes Säckchen. Zunächst legt er das Säckchen auf den Kopf und beginnt, das Poi schwingend, im Raum umherzulaufen. Das Säckchen wird auf dem Kopf balanciert. Die Spielleiterin gibt durch Kommandos die Bewegungen vor, indem sie etwa „Hüpfen, auf einem Bein hüpfen, im Entengang gehen, schneller oder langsamer laufen, rückwärts gehen, usw. " ruft.
Fällt einem Teilnehmer das Säckchen vom Kopf, so erstarrt er zur Salzsäule. Ein anderer Spieler muss das Säckchen aufheben und es wieder auf den Kopf der Salzsäule legen, ohne dass dabei sein eigenes Säckchen vom Kopf fällt. Somit ist dieser befreit und kann sich wieder frei durch den Raum bewegen.

Reflexionsfragen:
- War es schwierig, zu balancieren?
- Wurde ich von anderen unterstützt als ich zur Salzsäule erstarrte?
- Haben wir gut zusammengearbeitet?
- Welche Rollen haben die einzelnen Gruppenmitglieder übernommen?

Rübezahl sagt

Geeignet für:
Pois, Schwinglis, Jongliertücher, Jonglierbälle, Jonglierkeulen, Jonglierringe, Teller, Zigarrenkisten, Jojos, Astrojax, Stäbe.

Lernziele:
- Konkurrenz initiieren ohne das Gefühl von „Verlieren" zu haben.
- Schwungbezeichnungen einprägen.
- Feinmotorik schulen.
- Gegenseitige Unterstützung erleben.
- Reaktionsgeschwindigkeit testen.

Rahmenbedingungen:
- Raum mit 15-20 Metern Länge und 10-15 Metern Breite oder Freigelände.
- Zeitdauer 10-20 Minuten.
- Gruppe von 10-20 Personen.
- Keine Altersbeschränkung.
- Zwei Leitungspersonen.

Material:
- Für jede Spielerin ein Paar Pois.

Ablauf:
Es bilden sich zwei Gruppen, mit jeweils einem Leiter. Jede stellt sich im Kreis um einen Leiter. Nun beginnen die jeweiligen Leiter mit dem Satz: „Rübezahl sagt schwinge den *zurück rollenden Wagen"*. Daraufhin spielen alle Teilnehmerinnen im Kreis den *zurück rollenden Wagen*. Anschliessend kündigt der Leiter einen neuen Schwung an. Wenn er sagt: „Rübezahl schwingt...", unterbrechen sofort alle im Kreis ihren Schwung. Die langsamste Teilnehmerin scheidet aus dem Kreis aus und gesellt sich zum anderen Kreis. Dort schwingt sie auf das neue Stichwort mit. Anschliessend folgt die Reflexionsphase.

Reflexionsfragen:
- Wie habt Ihr das Ausscheiden aus dem Kreis und den Neubeginn im anderen Kreis erlebt?
- Wie geht es Euch mit einer Neu- oder Umorientierung im Alltagsleben?
- Wie habt Ihr es empfunden, wenn eine andere Person aus dem Kreis ausgeschieden oder hinzugekommen ist?

Fliegende Kugeln

Geeignet für:
Pois, Schwinglis, Jonglierbälle, Jonglierkeulen, Jonglierringe, Jojos, Astrojax, Devil Sticks, Diabolos, Meteors, Bolas.

Lernziele:
- Konkurrenz initiieren ohne das Gefühl von „Verlieren" zu haben.
- Feinmotorik schulen.
- Gegenseitige Unterstützung erleben.
- Reaktionsgeschwindigkeit testen.

Rahmenbedingungen:
- Raum mit 15-20 Metern Länge und 10-15 Metern Breite oder Freigelände.
- Zeitdauer 10-40 Minuten.
- Gruppe von 10-20 Personen.
- Keine Altersbeschränkung.

Material:
- Ein Poi, ein Volley- oder Beach-Ball-Netz oder eine Schnur.

Ablauf:
Dieses Spiel ist dem klassischen Volleyballspiel entlehnt. Zwei gleichstarke Mannschaften stellen sich zu beiden Seiten eines durch das Netz geteilten Spielfeldes auf. Zur Angabe schwingt eine Person hinter ihrem Spielfeld das Poi und wirft es aus dem Schwung über das Netz ins gegnerische Feld. Diese Mannschaft hat die Aufgabe, das Poi an der Handschlaufe aufzufangen, es sofort wieder ins Schwingen zu bringen und über das Netz ins gegenüberliegende Feld zu schleudern.
Fällt das Poi zu Boden oder landet es ausserhalb des gegnerischen Spielfeldes, werden keine Punkte gezählt, sondern eine Person dieser Mannschaft muss zum gegnerischen Team wechseln. Das Spiel endet, wenn sich auf einer Seite keine Spieler mehr befinden.

Variation:
- Es können mehrere Pois gleichzeitig gespielt werden.

Galerie

Geeignet für:
Pois, Schwinglis, Jongliertücher, Jonglierbälle, Jonglierkeulen, Jonglierringe, Diabolos, Devil Sticks, Teller, Zigarrenkisten, Jojos, Astrojax, Meteors, Bolas, Stäbe.

Lernziele:
- Konzentrationsvermögen fördern.
- Reaktionsvermögen trainieren.
- Schwungbezeichnungen verinnerlichen.
- Spass am Spielen und den daraus entstehenden Verwirrungen haben.

Rahmenbedingungen:
- Raum mit 10-15 Metern Länge und 10-15 Metern Breite oder Freigelände.
- Zeitdauer 10-20 Minuten.
- Gruppe von 10-20 Personen.
- Keine Altersbeschränkung.

Material:
- Ein Paar Pois für jede Teilnehmerin.

Ablauf:
Die Teilnehmerinnen stehen im Kreis mit Blick zur Mitte. Es sollte genügend Abstand zwischen ihnen herrschen, damit sie mühelos schwingen können. Der Spielleiter befindet sich in der Mitte des Kreises. Er blickt im Kreis umher und zeigt mit dem Finger auf eine Teilnehmerin. Jetzt nennt er eine Schwungbezeichnung (z.B. *aufgehende Sonne*) und zählt bis zehn. Nun hat diese Teilnehmerin die Aufgabe, so schnell als möglich mit beiden Pois die *aufgehende Sonne* zu schwingen. Gleichzeitig setzt ihre rechte Nachbarin mit dem Poi der rechten Hand zum *rechten Strahl der aufgehenden Sonne* an. Ihre linke Nachbarin schwingt mit dem Poi der linken Hand den *linken Strahl der aufgehenden Sonne*. Es sind immer drei Personen an einer Schwung-Kombination beteiligt. Schwingen alle drei den jeweiligen Schwung richtig, bevor der Spielleiter die Zahl zehn erreicht hat, sucht er sich eine neue Teilnehmerin aus. Er zeigt wieder mit dem Finger auf sie und nennt eine neue Schwungbezeichnung. Schwingt eine der drei Personen den Schwung falsch oder schafft es nicht, bevor der Spielleiter die Zahl zehn erreicht hat, tauscht sie die Rolle mit dem Spielleiter.

Die Welle

Geeignet für:
Pois, Schwinglis, Jongliertücher, Jonglierbälle, Jonglierkeulen, Jonglierringe, Diabolos, Devil Sticks, Teller, Zigarrenkisten, Jojos, Astrojax, Meteors, Bolas, Stäbe.

Lernziele:
- Konzentrationsvermögen fördern.
- Reaktionsvermögen trainieren.
- Zusammenarbeit fördern.
- Einsätze üben.
- Spass am Spielen und den daraus entstehenden Verwirrungen haben.

Rahmenbedingungen:
- Raum mit 8-10 Metern Länge und 8-10 Metern Breite oder Freigelände.
- Zeitdauer 10-20 Minuten.
- Gruppe von 10-20 Personen.
- Keine Altersbeschränkung.

Material:
- Ein Paar Pois für jeden Teilnehmer.

Ablauf:
Die Teilnehmer stehen im Kreis mit Blick zur Mitte. Es sollte genügend Abstand zwischen ihnen herrschen, damit sie mühelos schwingen können. Die Spielleiterin beginnt mit einem Schwung, nun setzt ihr rechter Nachbar ein, dann der nächste, usw. Es entsteht eine „Wellenbewegung". Setzt der letzte Spieler ein, so beginnt die Spielleiterin einen neuen Schwung, der sich ebenfalls wieder in „Wellenbewegungen" fortsetzt.

Variation:
- Jeder Teilnehmer überlegt sich einen Schwung, den er zur Wellenbewegung starten möchte. Die Spielleiterin beginnt. Ist die Welle wieder bei ihr angelangt, so ist ihr rechter Nachbar an der Reihe, den von ihm ausgewählten Schwung zu schwingen. Dieser setzt sich nun als neue Welle fort.

Voraus fühlen

Geeignet für:
Pois, Schwinglis, Jongliertücher, Jonglierbälle, Jonglierkeulen, Jonglierringe, Diabolos, Devil Sticks, Teller, Zigarrenkisten, Jojos, Astrojax, Meteors, Bolas.

Lernziele:
- Konzentrationsvermögen fördern.
- Reaktionsvermögen trainieren.
- Zusammenarbeit fördern.
- Wahrnehmung schulen.
- Spass an der entstehenden Spannung haben.

Rahmenbedingungen:
- Raum mit 15-20 Metern Länge und 10-15 Metern Breite oder Freigelände.
- Zeitdauer 10-20 Minuten.
- Gruppe von 10-20 Personen.
- Keine Altersbeschränkung.

Material:
- Ein Paar Pois und eine Augenbinde für jede Teilnehmerin.

Ablauf:
Die Teilnehmerinnen unterteilen sich in zwei Gruppen und stellen sich zu beiden Seiten des Spielfeldes auf. Sie verbinden sich die Augen und schwingen dann den *zurück rollenden Wagen.* Langsam gehen beide Gruppen aufeinander zu. Aufgabe ist es, ohne beim Schwingen gestört zu werden oder andere zu stören, die andere Seite des Raumes zu erreichen. Wer das Schwingen anderer stört oder selbst gestört wird, scheidet aus und bleibt auf der Stelle stehen. Ziel der Übung ist es, dass so wenige Teilnehmerinnen als möglich ausscheiden. Es können mehrere Durchgänge gespielt werden, um das Ergebnis zu verbessern.

Variation:
- Zunächst werden den Teilnehmerinnen nicht die Augen verbunden.

...weil
wichtig ist!

Lustige

Spiele

...weil
wichtig ist!

Ein was?

Geeignet für:
Pois, Schwinglis, Jongliertücher, Jonglierbälle, Jonglierkeulen, Jonglierringe, Diabolos, Devil Sticks, Teller, Zigarrenkisten, Jojos, Astrojax, Meteors, Bolas, Stäbe.

Lernziele:
- Konzentrationsvermögen fördern.
- Spass am Spielen und den daraus entstehenden Verwirrungen haben.

Rahmenbedingungen:
- Raum mit 5-10 Metern Länge und 4-6 Metern Breite oder Freigelände.
- Zeitdauer 10-20 Minuten.
- Gruppe von 10-20 Personen.
- Keine Altersbeschränkung.

Material:
- Ein Paar Pois.

Ablauf:
Die Teilnehmerinnen stehen im Kreis mit Blick zur Mitte. Der Spielleiter gibt ein Poi an die Mitspielerin zu seiner Rechten mit den Worten weiter: „Das ist ein Apfel". Die angesprochene Spielerin fragt: „Ein was?" Der Spielleiter wiederholt: „Ein Apfel."
Die erste Mitspielerin gibt das Poi der Spielerin zu ihrer Rechten weiter und sagt: „Das ist ein Apfel." Die angesprochene Spielerin fragt die erste Spielerin: „Ein was?" Diese wendet sich wieder an den Spielleiter und fragt noch einmal: „Ein was?" „Ein Apfel." wird ihr bestätigt. Spielerin Nummer eins wendet sich wieder an Nummer zwei und versichert ihr: „Ein Apfel".
Sobald Spielerin Nummer zwei den Apfel erhält bringt der Spielleiter ein weiteres Poi ins Spiel und gibt dieses nach links mit der Aussage: „Das ist eine Banane." weiter. Die Spielerin zu seiner linken fragt nun ebenfalls: „Ein was?", worauf der Spielleiter antwortet: „Eine Banane". So setzt sich die Fragerei in beiden Richtungen fort, bis beide Gegenstände wieder beim Spielleiter angelangen. Vermutlich führt das Frage-Antwort-Spiel zu vielen Verwirrungen.

Der blinde Schwinger

Geeignet für:
Pois, Schwinglis, Jongliertücher, Jonglierbälle, Jonglierkeulen, Jonglierringe, Diabolos, Devil Sticks, Teller, Zigarrenkisten, Jojos, Astrojax, Meteors, Bolas.

Lernziele:
- Taktile Wahrnehmung schulen.
- Spass am Spielen haben.
- In begrenztem Rahmen Aggressionen ausleben.

Rahmenbedingungen:
- Raum mit 5-10 Metern Länge und 4-6 Metern Breite oder Freigelände.
- Zeitdauer 10-20 Minuten.
- Gruppe von 10-20 Personen.
- Keine Altersbeschränkung.

Material:
- Ein Poi, zwei Augenbinden.

Ablauf:
Die Spielleiterin bittet zwei Spieler, aus der Gruppe vorzutreten. Dann erklärt sie ihnen das Spiel:
„Ich verbinde Euch nun die Augen und stelle Euch in die Mitte des Kreises, den wir im Anschluss bilden werden. Dann lege ich in diesen Kreis ein Poi, das Ihr suchen sollt. Derjenige von Euch, der das Poi findet, darf seine Augenbinde abnehmen und den anderen Spieler mit **leichten** schwingenden Schlägen auf den Hintern aus dem Kreis jagen".
Anschliessend bieten sich die nächsten beiden Kandidaten ein Duell.

Tabu

Geeignet für:
Pois, Schwinglis, Jongliertücher, Jonglierbälle, Jonglierkeulen, Jonglierringe, Diabolos, Devil Sticks, Teller, Zigarrenkisten, Jojos, Astrojax, Meteors, Bolas, Stäbe.

Lernziele:
- Reaktionsgeschwindigkeit verbessern.
- Konzentrationsvermögen trainieren.
- Spass am Spielen erleben.

Rahmenbedingungen:
- Raum mit 5-10 Metern Länge und 4-6 Metern Breite oder Freigelände.
- Zeitdauer 10-20 Minuten.
- Gruppe von 10-20 Personen.
- Alter ab 9 Jahren.

Material:
- Ein Paar Pois für jede Teilnehmerin.

Ablauf:
Die Gruppe bildet einen Kreis mit Blick zueinander. Alle schwingen eine beliebige Schwungfigur. Eine Teilnehmerin beginnt und nennt die Zahl „Eins“, ihre rechte Nachbarin die Zahl „Zwei“, usw. Gelangt die siebte Teilnehmerin an die Reihe, so darf diese keine Zahl nennen, sondern bleibt stumm und unterbricht das Schwingen für kurze Zeit. Das Spiel setzt mit ihrer rechten Nachbarin wieder ein, welche die Zahl „Acht“ nennt. Die „Sieben“ ist also tabu. Ausser der „Sieben“ sind alle Zahlen tabu, die dem Einmaleins der „Sieben“ angehören (14, 21, 28, usw.) oder eine „Sieben“ enthalten (17,27,37,usw.). Verpasst jemand eine solche Zahl, so beginnt das Spiel mit der nächsten Teilnehmerin von Neuem bei der „Eins“.

Variationen:
- Spielerinnen, die ihren Einsatz verpassen, scheiden aus.
- Ist die Zahl Siebzig erreicht, wird rückwärts gezählt.
- Kommt eine tabuisierte Zahl an die Reihe, setzen alle mit dem Schwingen aus.

Drehwurm

Geeignet für:
Pois, Schwinglis, Jongliertücher, Jonglierbälle, Jonglierkeulen, Jonglierringe, Diabolos, Devil Sticks, Teller, Zigarrenkisten, Jojos, Astrojax, Meteors, Bolas, Stäbe.

Lernziele:

- Gefühl für Körperdrehungen bekommen.
- Konzentrationsvermögen trainieren.
- Spass am Spielen erleben.
- Gleichgewichtssinn schulen.

Rahmenbedingungen:

- Raum mit 10-20 Metern Länge und 4-6 Metern Breite oder Freigelände.
- Zeitdauer 10-20 Minuten.
- Gruppe von 10-20 Personen.
- Keine Altersbeschränkung.

Material:

- Ein Poi und ein Stock von einem Meter Länge.

Ablauf:
Am Rande des Spielfeldes wird ein Punkt markiert. Ein Spieler schwingt mit einer Hand das Poi. In die andere nimmt er einen Stock von einem Meter Länge. Er setzt das untere Ende des Stockes auf die Markierung und hält den Stock dabei fest. Nun geht er fünf bis siebenmal schnell um die Markierung. Dabei soll er das Poi in der Aussenhand schwingen. Er bildet mit dem Stock einen kreisenden Zirkel. Unmittelbar danach geht er auf ein in etwa acht Metern entferntes Ziel zu und schwingt dabei das Poi. Alle sind gespannt, wie er das ohne erkennbare Gleichgewichtsstörungen schafft. Nun ist der nächste an der Reihe.

Variation:

- Spieler, die das Ziel nicht erreichen oder das Schwingen unterbrechen, scheiden aus.

Also

Geeignet für:
Pois, Schwinglis, Jongliertücher, Jonglierbälle, Jonglierkeulen, Jonglierringe, Diabolos, Devil Sticks, Teller, Zigarrenkisten, Jojos, Astrojax, Meteors, Bolas, Stäbe.

Lernziele:
- Aufmerksamkeit schulen.
- Spass am Spielen erleben.

Rahmenbedingungen:
- Raum mit 5-10 Metern Länge und 4-6 Metern Breite oder Freigelände.
- Zeitdauer 10-20 Minuten.
- Gruppe von 10-20 Personen.
- Keine Altersbeschränkung.

Material:
- Ein Poi für jede Teilnehmerin.

Ablauf:
Die Spielerinnen stellen sich im Kreis auf. Der Spielleiter kündigt an: „Also das ist das *rechte Rad im voran rollenden Wagen*" und schwingt diesen Schwung. Nun fordert er eine Mitspielerin auf, mit denselben Worten das *rechte Rad im voran rollenden Wagen* zu schwingen. Tut sie dies, so wird sie vermutlich das Wort „also" nicht nennen. Der Spielleiter teilt ihr mit, das sei falsch. Nun ist die nächste an der Reihe. Erst wenn eine Teilnehmerin das Wort „also" ausspricht, hat sie die Aufgabe erfüllt. Vermutlich werden die Mitspielerinnen sich den Kopf zerbrechen, weshalb ihr Nachschwingen falsch ist.
Erkennt eine Spielerin die Lösung und imitiert den Spielleiter richtig, so darf sie die Lösung den anderen nicht verraten. Das Spiel endet, wenn alle richtig nachsprechen und nachschwingen oder die letzten Unwissenden entnervt aufgeben.

Zehenschleuder

Geeignet für:
Pois, Schwinglis.

Lernziele:
- Gleichgewichtssinn schulen.
- Spass haben.
- Feinmotorik schulen.
- Konkurrenz entwickeln.

Rahmenbedingungen:
- Raum mit 10-15 Metern Länge und 10-15 Metern Breite oder Freigelände.
- Zeitdauer 5 Minuten.
- Gruppe von 10-20 Personen.
- Keine Altersbeschränkung.

Material:
- Ein Poi für jeden Mitspieler.

Ablauf:
Die Mitspieler hängen die Handschlaufe des Pois in die grosse Zehe eines Fusses ein. Auf einem Bein stehend oder hüpfend versuchen sie, wenigstens drei Poi-Schwünge mit der Zehe zu steuern. Aus dem Schwung wird anschliessend das Poi möglichst weit fortgeschleudert. Gewonnen hat der Spieler mit dem weitesten Zehenwurf.

Variationen:
- Den Spielern werden die Augen verbunden.
- Die Spieler sitzen am Boden.
- Die Schnur des Poi kann verkürzt oder der Schweif entfernt werden.

Fussgerangel

Geeignet für:
Pois, Schwinglis.

Lernziele:
- Körperliche Fitness trainieren.
- Spass haben.
- Feinmotorik schulen.
- Konkurrenz entwickeln.

Rahmenbedingungen:
- Raum mit 15-20 Metern Länge und 15-20 Metern Breite oder Freigelände.
- Zeitdauer 10-15 Minuten.
- Gruppe von 10-20 Personen.
- Keine Altersbeschränkung.

Material:
- Ein Poi für jede Mitspielerin.

Ablauf:
Die Mitspielerinnen setzen sich auf den Boden. Sie hängen die Handschlaufe des Pois in die grosse Zehe eines Fusses ein. So schwingen sie das Poi. Der Po muss stets Bodenkontakt haben. Aufgabe ist es, die anderen Mitspielerinnen beim Schwingen zu stören. Dabei dürfen weder die Hände noch andere Körperteile zu Störmanövern eingesetzt werden. Wer das Schwingen unterbricht oder wem das Poi von der grossen Zehe gleitet, scheidet aus.

Variation:
- Den Spielerinnen werden die Augen verbunden.

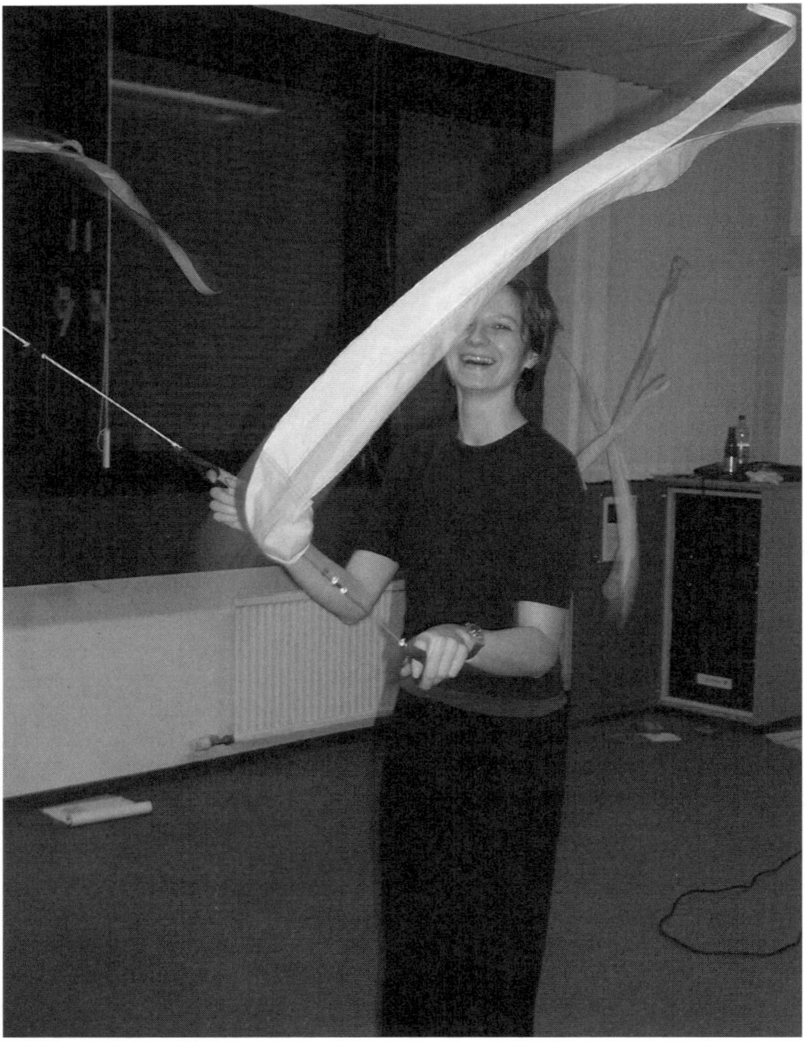

Spiele rund um das Raten und den Wettkampf

Bilder schwingen

Geeignet für:
Pois, Schwinglis, Jongliertücher, Jonglierbälle, Jonglierkeulen, Jonglierringe, Diabolos, Devil Sticks, Teller, Zigarrenkisten, Jojos, Astrojax, Meteors, Bolas, Stäbe.

Lernziele:

- Schwungbezeichnungen nach: „Die Faszination der fliegenden Kugeln" einprägen und vertiefen.
- Reaktionsgeschwindigkeit verbessern.

Rahmenbedingungen:

- Raum mit 20-30 Metern Länge und 20-30 Metern Breite oder Freigelände.
- Zeitdauer 20-40 Minuten.
- Gruppe in einer Anzahl, die durch sechs teilbar ist.
- Keine Altersbeschränkung.

Material:

- Pro Kleingruppe ein Paar Pois und ein Würfel.

Ablauf:
Die Gruppe unterteilt sich in Kleingruppen zu jeweils sechs Personen. Jede Person ordnet sich einer Zahl von eins bis sechs zu, dabei darf jede Zahl nur einmal vergeben werden. Auf Kommando der Spielleiterin würfeln alle Gruppen gleichzeitig. Anschliessend benennt die Spielleiterin eine Schwungfigur aus der Nomenklatur des Buches: „Die Faszination der fliegenden Kugeln" (z.B. *flinkes linkes Blatt in der Helikopterlandung, Abendflug, aufgehende Sonne, flinker rechter Abschied, voran rollender Wagen,* usw.).
Die der gewürfelten Zahl entsprechend zugeordneten Personen aus den Kleingruppen haben die Aufgabe, so schnell als möglich, die gewünschte Figur richtig zu schwingen. Einen Punkt erhält die Kleingruppe, deren Mitglied am schnellsten die entsprechende Figur richtig schwingt. Hat eine Gruppe die Anzahl von zehn Punkten erreicht, ist sie Gewinner.

Staffellauf

Geeignet für:
Pois, Schwinglis, Jongliertücher, Jonglierbälle, Jonglierkeulen, Jonglierringe, Diabolos, Devil Sticks, Teller, Zigarrenkisten, Jojos, Astrojax, Meteors, Bolas.

Lernziele:
- Konkurrenz einbringen.
- Geschicklichkeit im Umgang mit Pois trainieren.
- Körperliche Fitness verbessern.

Rahmenbedingungen:
- Raum mit 20-30 Metern Länge und 10-15 Metern Breite oder Freigelände.
- Zeitdauer 10-15 Minuten.
- Gruppe von 10-20 Personen.
- Keine Altersbeschränkung.

Material:
- Zwei Paare Pois und zwei Eimer.

Ablauf:
Zunächst wird die Gesamtgruppe in zwei gleichgrosse Mannschaften aufgeteilt. Diese stellen sich in einer Reihe hintereinander an einem Ende des Spielfeldes auf. Am anderen Ende steht jeweils ein Eimer. Die ersten Spielerinnen jeder Mannschaft erhalten ein Paar Pois und beginnen einen Schwung aus der *Wagen*-Gruppe. Auf Kommando laufen beide los und versuchen, möglichst schnell zum gegenüberliegenden Ende des Spielfeldes zu gelangen. Dabei sind während des Laufens die Pois ständig zu schwingen. Sie umrunden den Eimer und laufen zurück. Falls sich die Pois unterwegs verknoten, müssen sie zum Ausgangspunkt zurück und von vorne beginnen. Wieder angekommen, übergeben sie die Pois an die nächste Person in der Reihe und stellen sich hinten an. Diese Spielerin läuft nun los. So kommen alle an die Reihe. Gewonnen hat die Gruppe, in welcher zuerst alle Spielerinnen gelaufen sind.

Variationen:
- Es können mehrere Durchgänge gespielt werden.
- Mehrere Mannschaften können gebildet werden.
- Schwünge aus der *Sonnen*- oder *Helikopter*-Gruppe verwenden.
- Die Strecke wird auf einem Bein hüpfend zurückgelegt.

Wolldeckenrallye

Geeignet für:
Pois, Schwinglis, Jongliertücher, Jonglierbälle, Jonglierkeulen, Jonglierringe, Diabolos, Devil Sticks, Teller, Zigarrenkisten, Jojos, Astrojax, Meteors, Bolas, Stäbe.

Lernziele:
- Geschicklichkeit im Umgang mit Pois trainieren.
- Körperliche Fitness verbessern.
- Zusammenarbeit in der Gruppe fördern.
- Konkurrenz einbringen.

Rahmenbedingungen:
- Raum mit 15-20 Metern Länge und 6-10 Metern Breite mit glattem Boden.
- Zeitdauer 10 Minuten.
- Gruppe von 10-20 Personen.
- Keine Altersbeschränkung.

Material:
- Für jede Kleingruppe eine Wolldecke, für jeden Teilnehmer auf der Wolldecke ein Paar Pois.

Ablauf:
Die Gruppe teilt sich zu Untergruppen von jeweils vier bis sechs Personen auf. Zwei Mitspieler einer Kleingruppe stellen sich auf die Wolldecke und schwingen die *aufgehende Sonne*. Die restlichen Mitglieder haben die Aufgabe, die beiden Poi-Spieler mit der Decke über eine Distanz von acht bis zwölf Metern zu ziehen. Dabei dürfen die Spieler die Decke nicht verlassen und müssen ohne Unterbrechung schwingen. Wird das Schwingen unterbrochen, muss die Gruppe von vorne beginnen. Gewonnen hat die Gruppe, die als erstes die Strecke überwunden hat.

Variationen:
- Es können eine oder mehrere Personen auf der Wolldecke stehen und schwingen.
- Am Ziel werden Rollen getauscht und in der neuen Besetzung wird die Strecke wieder zum Ausgangspunkt zurückgelegt.

Schweife pusten

Geeignet für:
Pois, Schwinglis, Jongliertücher, Jonglierbälle, Jonglierkeulen, Jonglierringe, Diabolos, Devil Sticks.

Lernziele:
- Geschicklichkeit im Umgang mit Pois trainieren.
- Körperliche Fitness verbessern.
- Konkurrenz einbringen.

Rahmenbedingungen:
- Raum mit 10-15 Metern Länge und 20-30 Metern Breite mit glattem Boden.
- Zeitdauer 5 Minuten.
- Gruppe von 10-20 Personen.
- Keine Altersbeschränkung.

Material:
- Für jede Teilnehmerin einen Poi-Schweif.

Ablauf:
Die Teilnehmerinnen knien sich in einer Reihe auf den Boden. Auf Kommando beginnen sie nun, den Schweif in Richtung der Ziellinie zu pusten. Direkter Körperkontakt sollte dabei vermieden werden. Gewonnen hat die Teilnehmerin, welche zuerst ihren Schweif über die Ziellinie pustet.

Variationen:
- Jede Teilnehmerin erhält mehrere Schweife.
- Zwei oder mehrere Teilnehmerinnen pusten gleichzeitig einen Schweif.

Mörder unter uns

Geeignet für:
Pois, Schwinglis, Jongliertücher, Jonglierbälle, Jonglierkeulen, Jonglierringe, Diabolos, Devil Sticks, Teller, Zigarrenkisten, Jojos, Astrojax, Meteors, Bolas, Stäbe.

Lernziele:
- Aufmerksamkeit trainieren.
- Lust am Raten wecken.
- Spannung erzeugen.

Rahmenbedingungen:
- Raum mit 10-15 Metern Länge und 10-15 Metern Breite oder Freigelände.
- Zeitdauer 10-20 Minuten.
- Gruppe von 10-20 Personen.
- Keine Altersbeschränkung.

Material:
- Pro Spieler ein Paar Pois.

Ablauf:
Jeder Spieler erhält einen zusammengefalteten Zettel. Auf einem der Zettel steht „Mörder". Alle anderen sind mit „Mitspieler" beschriftet. Die Spieler entfalten ihre Zettel so verdeckt, dass niemand den Schriftzug lesen kann.
Nun stellen sich alle mit Blickkontakt zueinander im Kreis auf und halten zum nächsten Mitspieler soviel Abstand, dass sie ungehindert die *untergehende Sonne* schwingen können. Alle beginnen gleichzeitig zu schwingen. Während des gemeinsamen Schwingens tötet der „Mörder" die anderen Mitspieler durch Augenzwinkern. Die getöteten Mitspieler beenden das Schwingen und fallen theatralisch zu Boden. Aufgabe der Gruppe ist es, den „Mörder" zu entlarven, bevor dieser alle Mitspieler umgebracht hat.
Hegen mindestens zwei Mitspieler einen Verdacht, so kündigen sie dies an. Hierauf unterbrechen alle das Schwingen und die beiden zeigen gleichzeitig auf den verdächtigten Spieler. Ist er der Mörder, so ist er entlarvt und das Spiel beendet. Ist die verdächtigte Person nicht der „Mörder", so müssen beide Mitspieler sterben. Die verbleibenden Personen spielen weiter. Das Spiel endet, wenn alle Mitspieler getötet oder der „Mörder" entlarvt ist. Eine neue Runde beginnt.

Reimpantomime

Geeignet für:
Pois, Schwinglis, Jongliertücher, Jonglierbälle, Jonglierkeulen, Jonglierringe, Diabolos, Devil Sticks, Teller, Zigarrenkisten, Jojos, Astrojax, Meteors, Bolas, Stäbe.

Lernziele:
- Körperlichkeit erleben.
- Phantasie und Kreativität anregen.
- Sprachverständnis und Sprachzusammenhänge üben.
- Metaphern für Schwunggruppen nach: „Die Faszination der fliegenden Kugeln" verinnerlichen.

Rahmenbedingungen:
- Raum mit 5-10 Metern Länge und 4-6 Metern Breite oder Freigelände.
- Zeitdauer 10-30 Minuten.
- Gruppe von 10-20 Personen.
- Alter ab 9 Jahren.

Material:
- Ein Paar Pois.

Ablauf:
Alle sitzen im Kreis auf dem Boden. In der Kreismitte liegt das Paar Pois. Eine der Teilnehmerinnen erhebt sich und schwingt eine der folgenden Schwungfiguren: *Wagen, Sonne, Helikopter, Kreuz, Sternschnuppe, Morgenrot, Abendrot, Ankunft, Abschied, Landung, Abflug, Morgenlandung oder Abendflug.* Allerdings kündigt sie nicht an, welchen Schwung sie jetzt schwingt.
Nun gibt die schwingende Person bekannt, dass sie an ein Wort denkt, das sich auf die geschwungene Metapher reimt. Die anderen versuchen nun durch pantomimische Darstellung zu zeigen, auf welches Wort sie tippen.
So könnte beispielsweise die schwingende Spielerin den *Wagen* spielen und daraufhin eine Spielerin aus der Runde ihren Mund bewegen, womit sie das Wort „Sagen" darstellen will. Die schwingende Spielerin teilt ihr mit: „Nein ich denke nicht an Sagen" oder „Das ist nicht der Begriff".
Errät eine Spielerin das Wort, so darf sie die Rolle der Schwingenden einnehmen. Eine neue Spielrunde beginnt.

Geschichten dichten

Geeignet für:
Pois, Schwinglis, Jongliertücher, Jonglierbälle, Jonglierkeulen, Jonglierringe, Diabolos, Devil Sticks, Teller, Zigarrenkisten, Jojos, Astrojax, Meteors, Bolas, Stäbe.

Lernziele:
- Phantasie und Kreativität anregen.
- Reaktionsgeschwindigkeit und Konzentrationsvermögen verbessern.
- „Sich mit anderen messen" thematisieren.
- Sprachverständnis und Sprachzusammenhänge üben.
- Metaphern für Schwungfiguren nach: „Die Faszination der fliegenden Kugeln" verinnerlichen.

Rahmenbedingungen:
- Raum mit 10-15 Metern Länge und 10-15 Metern Breite oder Freigelände.
- Zeitdauer 10-20 Minuten.
- Gruppe von 10-20 Personen.
- Alter ab 9 Jahren.

Material:
- Ein Paar Pois für jeden Mitspieler.

Ablauf:
Die Gruppe steht in einem weiten Kreis mit Blickkontakt zueinander. Alle Teilnehmer erhalten ein Paar Pois. Die Spielleiterin beginnt, eine Geschichte zu erzählen. Sobald sie eine Metapher aus „Die Faszination der fliegenden Kugeln" in die Geschichte einbaut (z.B. *zurück rollender Wagen, flinker rechter Strahl der aufgehenden Sonne, steigendes Kreuz*, usw.), müssen die Spieler so schnell als möglich die entsprechende Figur schwingen. Derjenige Spieler, der als letzter die Figur auf die richtige Art und Weise schwingt, übergibt die Pois an die Spielleiterin und erzählt die Geschichte weiter.

Variation:
- Die Spieler mit der langsamsten Reaktionsgeschwindigkeit scheiden aus, geben allerdings nicht die Pois weiter, sondern beenden das Schwingen und erzählen die Geschichte weiter. So gibt es immer weniger schwingende Spieler und am Ende einen Gewinner.

Front - Schwingerin

Geeignet für:
Pois, Schwinglis, Jongliertücher, Jonglierbälle, Jonglierkeulen, Jonglierringe, Diabolos, Devil Sticks, Teller, Zigarrenkisten, Jojos, Astrojax, Meteors, Bolas, Stäbe.

Lernziele:
- Aufmerksamkeit trainieren.
- Lust am Raten wecken.
- Spannung erzeugen.
- Feinmotorik schulen.
- Einzelne Schwünge aus: „Die Faszination der fliegenden Kugeln" vertiefen.

Rahmenbedingungen:
- Raum mit 10-15 Metern Länge und 10-15 Metern Breite oder Freigelände.
- Zeitdauer 20-30 Minuten.
- Gruppe von 10-20 Personen.
- Keine Altersbeschränkung.

Material:
- Pro Spielerin ein Paar Pois.

Ablauf:
Eine Person dreht sich um oder verlässt den Raum. Während der Abwesenheit vereinbaren die anderen Teilnehmerinnen unter sich eine „Front-Schwingerin", die eine einer Dirigentin ähnliche Rolle übernimmt. Diese „Front-Schwingerin" leitet die Poi-Schwingerinnen-Gruppe, die sich aus den restlichen Teilnehmerinnen zusammensetzt. Sobald die Person, welche den Raum verlassen oder sich umgedreht hat herbeigerufen wird, beginnt die „Front-Schwingerin", eine Schwungfigur aus dem Buch: „Die Faszination der fliegenden Kugeln" zu schwingen (z.B. *steigendes Kreuz, abhebender Helikopter,* usw.). Alle anderen Personen imitieren die „Front-Schwingerin", indem sie die gleiche Schwungfigur schwingen. Nach einer Weile wechselt die „Front-Schwingerin" die Schwungfigur. Die Gruppenmitglieder wechseln nun ebenfalls die Figur.
Die Beobachterin hat die Aufgabe, herauszufinden, wer in der Gruppe die „Front-Schwingerin" ist. Sobald sie die „Front-Schwingerin" entlarvt hat, darf eine andere Person die Beobachterrolle übernehmen.

Staffel - Schwingen

Geeignet für:
Pois, Schwinglis, Jongliertücher, Jonglierbälle, Jonglierkeulen, Jonglierringe, Diabolos, Devil Sticks, Teller, Zigarrenkisten, Jojos, Astrojax, Meteors, Bolas, Stäbe.

Lernziele:
- Koordination üben.
- Geschicklichkeit im Umgang mit Pois trainieren.
- Zusammenarbeit in der Gruppe fördern.

Rahmenbedingungen:
- Raum mit 10-15 Metern Länge und 6-10 Metern Breite oder Freigelände.
- Zeitdauer 10-15 Minuten.
- Gruppe von 10-20 Personen.
- Keine Altersbeschränkung.

Material:
- Ein Poi für jede Mannschaft.

Ablauf:
Die Gruppe unterteilt sich in zwei Kleingruppen. Diese stellen sich mit Blick zueinander in zwei Reihen gegenüber auf. Die jeweils erste Person in der Reihe erhält ein Poi, mit welchem sie einen Schwung aus der *Sonnen*-Gruppe spielt. Auf Kommando der Spielleiterin gibt diese das Poi an den Nachbarn weiter, welcher nun mindestens eine ganze Umdrehung schwingt, bevor er es weitergibt. Ziel des Spieles ist es, so schnell wie möglich das schwingende Poi bis an das Ende der Reihe durchzureichen, wobei jeder Spieler mindestens eine volle Umdrehung schwingt, bevor das Poi weitergegeben wird. Es hat die Mannschaft gewonnen, in welcher das Poi zuerst das Ende der Reihe erreicht hat.

Variationen:
- Die Strecke kann doppelt zurück gelegt werden, indem das Poi wieder zurückwandert.
- Es können mehrere Durchgänge gespielt werden.
- Mehrere Mannschaften können gebildet werden.
- Schwünge aus der *Helikopter*-Gruppe verwenden.

Standvermögen

Geeignet für:
Pois, Schwinglis, Jongliertücher, Jonglierbälle, Jonglierkeulen, Jonglierringe, Diabolos, Devil Sticks, Teller, Zigarrenkisten, Jojos, Astrojax, Meteors, Bolas, Stäbe.

Lernziele:
- Koordination üben.
- Gleichgewichtssinn trainieren.
- Geschicklichkeit im Umgang mit Pois trainieren.
- „Sich aneinander reiben".
- Körperkontakt erleben.
- Kräftemessen ausleben.
- Persönliches „Standvermögen" thematisieren.
- Aggressionen ausleben und erleben.

Rahmenbedingungen:
- Raum mit 10-15 Metern Länge und 6-10 Metern Breite oder Freigelände.
- Zeitdauer 15-20 Minuten.
- Gruppe von 10-20 Personen.
- Keine Altersbeschränkung.

Material:
- Ein Paar Pois für jede Teilnehmerin.

Ablauf:
Die Gruppe unterteilt sich in jeweils gleich schwere Paare. Die zwei Personen stellen sich nun Rücken an Rücken, beziehungsweise Pobacke an Pobacke. Dabei sind die Beine leicht gegrätscht und beide schwingen die *untergehende Sonne.* Auf Kommando versuchen die beiden sich, durch Reiben oder Druck auf die Pobacke des anderen, aus dem Gleichgewicht zu bringen. Schubsen ist nicht erlaubt. Gewinner ist, wer den anderen zuerst dazu bringt das Standvermögen zu verlieren, aus dem Schwungrhythmus zu kommen oder die Pois zu verknoten.
Mit diesem Spiel können die Themen Aggression, Standvermögen, zu einer eigenen Meinung stehen und diese vor anderen vertreten, eingebracht werden. Dazu bitte auch die unten aufgeführten Reflexionsfragen verwenden.

Variationen:

- Auf einem Bein stehen.
- Die jeweiligen Gewinnerinnen messen sich wieder miteinander, so wird eine Gesamtsiegerin ermittelt.
- Schwünge aus der *Helikopter*-Gruppe verwenden.

Reflexionsfragen:

- Wie schwer oder einfach war es für mich, zu bestehen?
- Geht es mir in alltäglichen Situationen ähnlich?
- Wie vertrete ich meine Meinung anderen gegenüber und wie reagiere ich, wenn ich auf Widerstände stosse?
- Wie gehe ich im Alltag mit Aggressionen und Frustrationen um?
- Kann ich Niederlagen gut einstecken?
- Wie erlebe ich körperliche Gewalt?

Mausefallen

Geeignet für:
Pois, Schwinglis, Jonglierbälle, Jonglierkeulen, Jonglierringe, Diabolos, Devil Sticks, Teller, Zigarrenkisten, Jojos, Astrojax, Meteors, Bolas, Stäbe.

Lernziele:
- Konkurrenzsituation herstellen.
- Geschicklichkeit im Umgang mit Pois trainieren.
- Zusammenarbeit in der Kleingruppe fördern.
- Werfen üben.

Rahmenbedingungen:
- Raum mit 10-15 Metern Länge und 6-10 Metern Breite oder Freigelände.
- Zeitdauer 10-15 Minuten.
- Gruppe von 10-20 Personen.
- Keine Altersbeschränkung.

Material:
- Ein Poi und eine Mausefalle für jede Mannschaft.

Ablauf:
Die Gruppe teilt sich in zwei gleichgrosse Mannschaften. Jede Mannschaft bildet eine hintereinander stehende Reihe. Jeweils ein Mitspieler aus jeder Mannschaft postiert sich in der Nähe der Mausefalle. Diese steht ungefähr in drei bis fünf Metern Entfernung vor dem ersten Mitspieler der Reihe auf dem Boden. Der erste Spieler in der Reihe schwingt ein Poi, mindestens eine volle Umdrehung. Anschliessend wirft er es in Richtung der gespannten Mausefalle. Trifft er die Falle nicht, so wirft ihm der dort postierte Spieler das Poi zurück und der Werfer versucht erneut sein Glück. Trifft er die Falle und schnappt diese zu, so hat er die Aufgabe, das Poi zu befreien, die Mausefalle wieder zu spannen und das Poi an den nächsten Spieler in der Reihe weiterzugeben. Nun versucht dieser sein Glück. Gewonnen hat die Mannschaft, deren letzter Mitspieler es zuerst schafft, die Mausefalle zuschnappen zu lassen.

Variationen:
- Es können mehrere Durchgänge gespielt werden.
- Mehrere Mannschaften bilden.
- Es werden zwei Pois gleichzeitig geworfen und zwei Mausefallen pro Mannschaft aufgestellt.

Flüsterton

Geeignet für:
Pois, Schwinglis, Jongliertücher, Jonglierbälle, Jonglierkeulen, Jonglierringe, Diabolos, Devil Sticks, Teller, Zigarrenkisten, Jojos, Astrojax, Meteors, Bolas, Stäbe.

Lernziele:
- Zusammenarbeit fördern.
- Reaktionsgeschwindigkeit verbessern.
- Schwungbezeichnungen aus „Die Faszination der fliegenden Kugeln" vertiefen.
- Feinmotorik schulen.
- Konkurrenz und Kooperation einbringen.

Rahmenbedingungen:
- Raum mit 10-20 Metern Länge und 10-20 Metern Breite oder Freigelände.
- Zeitdauer 10-20 Minuten.
- Gruppe von 10-20 Personen.
- Keine Altersbeschränkung.

Material:
- Für jede Spielerin ein Paar Pois.

Ablauf:
Die Teilnehmerinnen stehen im Kreis. Der Leiter stellt der Reihe nach vier bis sechs Schwünge vor, z.B. *untergehende Sonne, Helikopterlandung, rechtes Abendrot* und *steigendes Kreuz*. Die Teilnehmerinnen suchen sich nun einen Schwung aus und eine beginnt ihrer Nachbarin diesen ins Ohr zu flüstern. Diese flüstert wiederum der nächsten Teilnehmerin einen weiteren Schwung zu. Allerdings muss sie sich für einen anderen Schwung entscheiden. Haben nun alle Teilnehmerinnen ringsum ihrer Nachbarin ins Ohr geflüstert, so verteilen sie sich im Raum. Dabei darf nicht gesprochen oder nonverbal kommuniziert werden.
Auf das Startzeichen des Spielleiters hin beginnen alle gleichzeitig, den ihnen zugeflüsterten Schwung zu schwingen. Nun blicken sie in die Runde und suchen nach Gleichgesinnten. Es sollten sich alle mit derselben Schwungvorgabe möglichst schnell zusammenfinden. Dabei müssen sie fortlaufend schwingen. Gewonnen hat die Gruppe, in welcher sich alle Teilnehmerinnen mit demselben Schwung am schnellsten zusammen gefunden haben. Dann beginnt das Spiel von vorne.

Schätzen und gewinnen

Geeignet für:
Pois, Schwinglis, Jongliertücher, Jonglierbälle, Jonglierkeulen, Jonglierringe, Diabolos, Devil Sticks, Teller, Zigarrenkisten, Jojos, Astrojax, Meteors, Bolas, Stäbe.

Lernziele:
- Zusammenarbeit fördern.
- Zeitgefühl thematisieren.
- Körperliche Fitness verbessern.
- Konkurrenz und Kooperation einbringen.

Rahmenbedingungen:
- Raum mit 20-30 Metern Länge und 10-20 Metern Breite oder Freigelände.
- Zeitdauer 10-20 Minuten.
- Gruppe von 10-20 Personen.
- Keine Altersbeschränkung.

Material:
- Ein Paar Pois für ein Spielerpaar und für die Leitung eine Stoppuhr.

Ablauf:
Die Teilnehmer bilden Paare. Ein Partner ist der Läufer, der andere ist der Schätzer. Der Läufer hat die Aufgabe, eine Strecke von 20 Metern in möglichst kurzer Zeit zu durchlaufen und dabei den *voran rollenden Wagen* zu schwingen. Der Schätzer soll eine Zeit angeben, in welcher er meint, dass der Läufer es schwingend schafft die Strecke zurückzulegen. Anschliessend werden die Rollen getauscht. Gewonnen hat das Spielerpaar mit den schnellsten Zeiten und den besten Schätzungen.

Vorschlag für die Wertung:
Die Differenz von geschätzten und tatsächlichen Zeiten wird zu den Ergebnissen addiert. Das Spielerpaar mit dem niedrigsten Zahlenwert hat gewonnen.

Variation:
- Es bilden sich keine Paare, sondern alle Teilnehmer schätzen die Zeit. Der Teilnehmer mit der besten Schätzung erhält einen Punkt. Alle Teilnehmer sind auch mit dem Laufen an der Reihe. Der schnellste Läufer erhält ebenfalls einen Punkt. Gewonnen hat der Mitspieler mit der höchsten Punktzahl.

Choreographie

Geeignet für:
Pois, Schwinglis, Jongliertücher, Jonglierbälle, Jonglierkeulen, Jonglierringe, Diabolos, Devil Sticks, Teller, Zigarrenkisten, Jojos, Astrojax, Meteors, Bolas, Stäbe.

Lernziele:
- Zusammenarbeit fördern.
- Konzentrationsvermögen verbessern.
- Schwungbezeichnungen aus: „Die Faszination der fliegenden Kugeln“ vertiefen.
- Feinmotorik schulen.
- Konkurrenz und Kooperation einbringen.

Rahmenbedingungen:
- Raum mit 10-15 Metern Länge und 10-15 Metern Breite oder Freigelände.
- Zeitdauer 20-40 Minuten.
- Gruppe von 10-20 Personen.
- Alter ab 10 Jahren.

Material:
- Für jede Teilnehmerin der Darstellerinnengruppe ein Paar Pois.

Ablauf:
Die Spielerinnen teilen sich in zwei Kleingruppen. Eine Gruppe sind die Darstellerinnen, die andere die Beobachterinnen. Die Gruppe der Darstellerinnen überlegt sich eine Abfolge von Schwungkombinationen nach den Beschreibungen aus: „Die Faszination der fliegenden Kugeln“. Die Beobachtergruppe verlässt währenddessen den Raum. Hat die darstellende Gruppe eine Präsentation ausgearbeitet, wird die Beobachtergruppe wieder in den Raum gebeten und die erste Gruppe präsentiert gemeinsam ihre Choreographie. Diese teilt sie vorher dem Spielleiter mit. Unterläuft der ersten Gruppe bei der Präsentation ein Fehler, so ist die Runde beendet und die zweite Gruppe erhält einen Punkt. Gelingt der Darstellerinnengruppe eine perfekte Aufführung, so erhalten sie einen Punkt.
Aufgabe der Beobachtergruppe ist es, sich während der Aufführung in der richtigen Reihenfolge die Schwungfiguren einzuprägen und nach kurzer Beratungszeit die richtige Reihenfolge der Schwungfiguren zu nennen. Gelingt ihr dies, bekommt sie einen Punkt. Gelingt ihr dies nicht, so erhalten die Darstellerinnen einen Punkt. Jetzt tauschen beide Gruppen die Rollen.

Schlafwandler

Geeignet für:
Pois, Schwinglis, Jonglierkeulen, Jonglierringe, Diabolos, Teller, Jojos, Astrojax, Meteors, Bolas, Stäbe.

Lernziele:

- Konzentrationsvermögen verbessern.
- Selbstvertrauen stärken.
- Feinmotorik schulen.
- Konkurrenz und Kooperation einbringen.

Rahmenbedingungen:

- Raum mit 15-20 Metern Länge und 10-15 Metern Breite oder Freigelände.
- Zeitdauer 10-20 Minuten.
- Gruppe von 10-20 Personen.
- Keine Altersbeschränkung.

Material:

- Ein Paar Pois, ein Seil von fünf bis zehn Metern Länge und eine Augenbinde für jede Mannschaft.

Ablauf:
Die Gruppe teilt sich in zwei oder mehrere Mannschaften. Nun stellen sich die Mannschaften in Reihen hintereinander auf. In einem Abstand von fünf bis zehn Metern vor dem jeweils Ersten einer Mannschaft wird das Seil zu einem Kreis gelegt. Nun verbindet sich der jeweils Erste die Augen, schwingt den *zurück rollenden Wagen* und läuft in Richtung Kreis los. Seine Aufgabe ist es, blind in das Kreisinnere des Seils zu laufen. Die anderen Personen der Mannschaft dürfen ihn durch Zurufe unterstützen. Ist ihm dies gelungen, so darf er die Augenbinde abnehmen, schnell zurücklaufen und die Pois und die Augenbinde an den nächsten übergeben. Dieser ist nun an der Reihe. Gewonnen hat die Mannschaft, deren Mitglieder zuerst alle das Kreisinnere betreten haben.

Variationen:

- Die Mitspieler dürfen nicht durch Zurufe unterstützen.
- Der blinde Spieler muss versuchen, eine im Kreis aufgestellte Büchse mit den Pois zu treffen.
- Der blinde Spieler gibt die Anzahl der Schritte vor, die er bis zum Kreis gehen wird.

Sitzgelegenheit

Geeignet für:
Pois, Schwinglis, Jongliertücher, Jonglierbälle, Jonglierkeulen, Jonglierringe, Diabolos, Devil Sticks, Teller, Zigarrenkisten, Jojos, Astrojax, Meteors, Bolas, Stäbe.

Lernziele:
- Konzentrationsvermögen verbessern.
- Reaktionsfähigkeit trainieren.
- Feinmotorik schulen.
- Konkurrenz einbringen.

Rahmenbedingungen:
- Raum mit 10-15 Metern Länge und 10-15 Metern Breite oder Freigelände.
- Zeitdauer 10-15 Minuten.
- Gruppe von 10-20 Personen.
- Keine Altersbeschränkung.

Material:
- Für jede Teilnehmerin ein Paar Pois, Musikanlage.

Ablauf:
Die Gruppe läuft durch den Raum. Zur eingespielten Musik schwingen die Teilnehmerinnen rhythmisch die Pois. Sobald die Musik ausgeblendet wird, unterbrechen alle das Schwingen und setzen sich in die Hocke. Die langsamste Teilnehmerin scheidet aus.

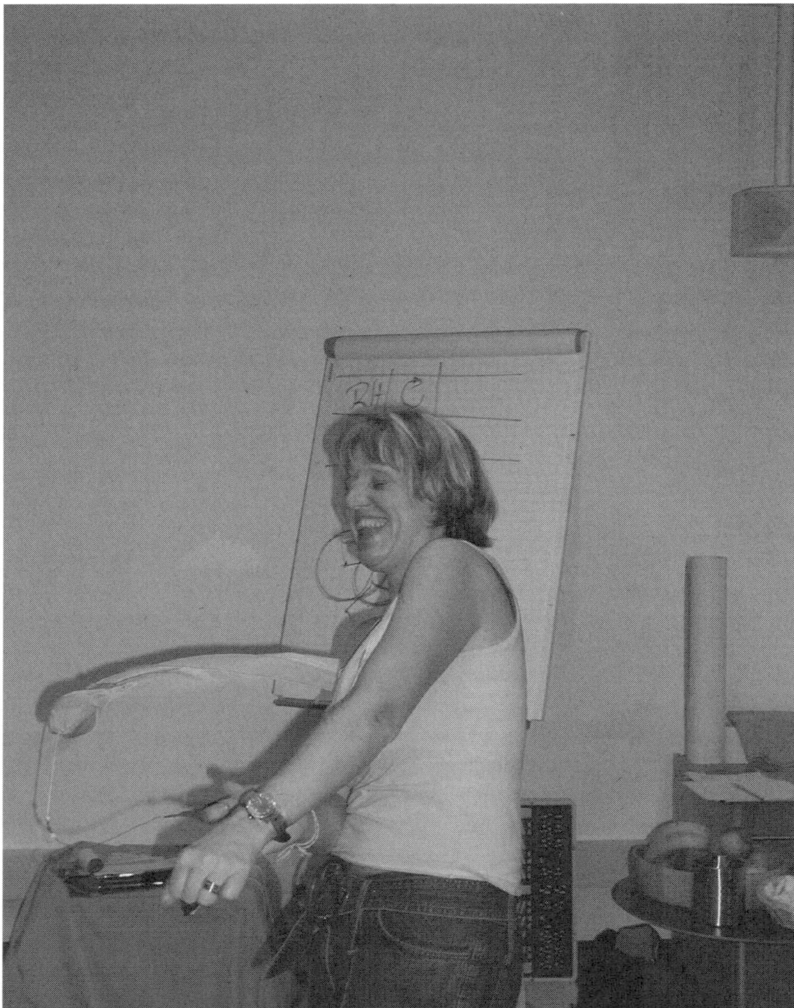

Rhythmische

Spiele

Klopfspiel

Geeignet für:
Pois, Schwinglis, Jongliertücher, Jonglierbälle, Jonglierkeulen, Jonglierringe, Diabolos, Devil Sticks, Teller, Zigarrenkisten, Jojos, Astrojax, Meteors, Bolas, Stäbe.

Lernziele:
- Zusammenarbeit fördern.
- Rhythmisches Bewegen üben.
- Bewegung und Rhythmik verbinden.
- Feinmotorik schulen.
- Kreativität fördern.

Rahmenbedingungen:
- Raum mit 10-15 Metern Länge und 10-15 Metern Breite oder Freigelände.
- Zeitdauer 20-30 Minuten.
- Gruppe von 10-20 Personen.
- Keine Altersbeschränkung.

Material:
- Ein Paar Pois für jeden Teilnehmer einer Kleingruppe.

Ablauf:
Es bilden sich zwei Gruppen. Eine Gruppe überlegt sich eine Rhythmusfolge, die sie mit den Händen und Beinen klatscht oder klopft.

Beispiel für den Viervierteltakt:
Zwei Personen stehen sich gegenüber. Auf die „Eins“ schlagen beide auf ihre Oberschenkel, auf die „Zwei“ dem Partner in die Hände, auf die „Drei“ in die eigenen Hände und auf die „Vier“, die beiden Hände gekreuzt, wieder dem Partner in die Hände.

Nun präsentiert die Gruppe den Rhythmus den anderen. Deren Aufgabe besteht darin, eine dazu passende Bewegungsabfolge des Poi-Schwingens zu entwickeln. Während die erste Gruppe den Rhythmus vorgibt, schwingen die anderen rhythmisch dazu mit den Pois. Anschliessend werden die Rollen getauscht.

Variationen:
- Die Stimme kann ebenfalls eingesetzt werden.
- Rhythmusinstrumente für die Geräusche verwenden.

Beschwingtes Gehen

Geeignet für:
Pois, Schwinglis, Jongliertücher, Jonglierbälle, Jonglierkeulen, Jonglierringe, Diabolos, Devil Sticks, Teller, Zigarrenkisten, Jojos, Astrojax, Meteors, Bolas, Stäbe.

Lernziele:
- Zusammenarbeit fördern.
- Rhythmisches Bewegen üben.
- Bewegung und Rhythmik verbinden.
- Feinmotorik schulen.

Rahmenbedingungen:
- Raum mit 10-20 Metern Länge und 10-20 Metern Breite oder Freigelände.
- Zeitdauer 10-20 Minuten.
- Gruppe von 10-20 Personen.
- Keine Altersbeschränkung.

Material:
- Ein Paar Pois für jede Teilnehmerin, Musikanlage.

Ablauf:
Der Spielleiter gibt eine Bewegung vor. Er läuft rhythmisch zur Musik. Ein Schritt entspricht einem Viertelnotenwert und ein Schwung des *zurück rollenden Wagens* ebenfalls einem Viertelnotenwert. Nun haben alle Teilnehmerinnen die Aufgabe, auf dieselbe Art und Weise zu gehen und dabei zu schwingen. Nach einer gewissen Zeit gibt der Spielleiter eine neue Bewegung vor. Ein Schritt entspricht einem halben Notenwert ebenso wie ein Schwung einem halben Notenwert.

Variationen:
- Anfangs erst das Schwingen, dann das Gehen üben, anschliessend kombinieren.
- Nach einer gewissen Zeit geben die Teilnehmerinnen eine Bewegungsart vor.
- Es bilden sich Paare, die sich gemeinsam eine Bewegungsart überlegen und den anderen präsentieren.

Schwingende Zeichen

Geeignet für:
Pois, Schwinglis, Jongliertücher, Jonglierbälle, Jonglierkeulen, Jonglierringe, Diabolos, Devil Sticks, Teller, Zigarrenkisten, Jojos, Astrojax, Meteors, Bolas, Stäbe.

Lernziele:
- Rhythmisches Bewegen üben.
- Bewegung und Rhythmik verbinden.
- Feinmotorik schulen.

Rahmenbedingungen:
- Raum mit 10-15 Metern Länge und 10-15 Metern Breite oder Freigelände.
- Zeitdauer 10-20 Minuten.
- Gruppe von 10-20 Personen.
- Keine Altersbeschränkung.

Material:
- Ein Paar Pois für jeden Teilnehmer, Musikanlage.

Ablauf:
Die Spielleiterin gibt eine Schwungkategorie vor (Kreisschwung). Nun überlegt sich jeder Teilnehmer kurz, welchen Kreisschwung er schwingen möchte. Sobald die Musik eingespielt wird, haben alle die Aufgabe, ihren Schwung rhythmisch zur Musik zu schwingen. Nach einer gewissen Zeit schaltet die Spielleiterin die Musik ab. Sie gibt eine neue Schwungart vor (Achterschwung). Wieder überlegt sich jeder Teilnehmer kurz einen Schwung und schwingt diesen rhythmisch mit dem Einsatz der Musik. Mit dem erneuten Unterbrechen der Musik beginnt eine weitere Spielrunde. Beispiele für Schwungfiguren: Grosser Kreisschwung, Wanderschwung, Zauberschwung, Körperdrehung, usw.

Variation:
- Die Teilnehmer geben einen Schwung vor.

Zwillinge

Geeignet für:
Pois, Schwinglis, Jongliertücher, Jonglierbälle, Jonglierkeulen, Jonglierringe, Diabolos, Devil Sticks, Teller, Zigarrenkisten, Jojos, Astrojax, Meteors, Bolas, Stäbe.

Lernziele:

- Rhythmisches Bewegen üben.
- Bewegung und Rhythmik verbinden.
- Feinmotorik schulen.
- Empathie üben.
- Nonverbale Kommunikation erleben.
- Wahrnehmung schulen.

Rahmenbedingungen:

- Raum mit 10-15 Metern Länge und 10-15 Metern Breite oder Freigelände.
- Zeitdauer 10-20 Minuten.
- Gruppe von 10-20 Personen.
- Keine Altersbeschränkung.

Material:

- Ein Paar Pois für jede Teilnehmerin, Musikanlage.

Ablauf:
Es bilden sich Paare (Zwillinge). Nun überlegen sich beide eine Schwungfigur, die sie gemeinsam spielen möchten. Sobald die Musik einspielt, bewegen sich alle, rhythmisch zur Musik schwingend, durch den Raum. Der Abstand zwischen den jeweiligen Zwillingen sollte dabei möglichst gross sein. Allerdings sollten sie sich nicht aus den Augen verlieren.
Setzt die Musik aus, so sehen sich die Zwillinge an und einer der beiden verändert den Schwung. Die Partnerin übernimmt diesen Schwung. Es sollte dabei nicht gesprochen werden. Dann beginnt eine neue Runde.

Variation:

- Es bilden sich Drillinge oder Vierlinge.

Siamesische Zwillinge

Geeignet für:
Pois, Schwinglis, Jongliertücher, Jonglierbälle, Jonglierkeulen, Jonglierringe, Diabolos, Devil Sticks, Teller, Zigarrenkisten, Jojos, Astrojax, Meteors, Bolas, Stäbe.

Lernziele:
- Rhythmisches Bewegen üben.
- Bewegung und Rhythmik verbinden.
- Feinmotorik schulen.
- Empathie üben.
- Nonverbale Kommunikation erleben.
- Gemeinsames rhythmisches Schwingen üben.
- Wahrnehmung schulen.

Rahmenbedingungen:
- Raum mit 5-10 Metern Länge und 4-6 Metern Breite oder Freigelände.
- Zeitdauer 10 Minuten.
- Gruppe von 10-20 Personen.
- Keine Altersbeschränkung.

Material:
- Ein Paar Pois für jeden Teilnehmer, Musikanlage.

Ablauf:
Es bilden sich Paare (Siamesische Zwillinge). Die beiden Teilnehmer stehen mit Körperkontakt Rücken an Rücken. Sobald die Musik eingespielt wird beginnen beide, gleichmässig und rhythmisch, zur Musik die *aufgehende Sonne* zu schwingen. Es sollte dabei nicht gesprochen werden.

Variationen:
- Es bilden sich Drillinge oder Vierlinge.
- Andere Schwungbilder oder Rhythmusfolgen schwingen.

Stuhlgang

Geeignet für:
Pois, Schwinglis, Jongliertücher, Jonglierbälle, Jonglierkeulen, Jonglierringe, Diabolos, Devil Sticks, Teller, Zigarrenkisten, Jojos, Astrojax, Meteors, Bolas, Stäbe.

Lernziele:
- Rhythmisches Bewegen üben.
- Bewegung und Rhythmik verbinden.
- Feinmotorik schulen.

Rahmenbedingungen:
- Raum mit 15-20 Metern Länge und 15-20 Metern Breite oder Freigelände.
- Zeitdauer 10-20 Minuten.
- Gruppe von 10-20 Personen.
- Keine Altersbeschränkung.

Material:
- Ein Paar Pois, so viele Stühle wie Teilnehmerinnen.

Ablauf:
Die Stühle werden so im Raum verteilt, dass genügend Abstand bleibt, um sich mühelos, die Pois schwingend, zwischen ihnen hindurch zu bewegen. Die Gruppe bildet einen Kreis um die Stühle und beginnt, gemeinsam einen vorher vereinbarten Rhythmus zu klopfen, zu klatschen oder zu stampfen. Der Spielleiter bewegt sich, zum Rhythmus schwingend, zwischen den Stühlen im Raum. Bleibt er vor einer Teilnehmerin stehen, so übernimmt diese nun die Rolle des Schwingenden. Der Spielleiter setzt sich auf einen der Stühle und klopft, klatscht oder stampft den Rhythmus mit. Dazu darf er auch den Stuhl verwenden. Die schwingende Teilnehmerin bewegt sich solange zwischen den Stühlen, bis sie nicht mehr schwingen möchte und übergibt die Pois an eine weitere Mitspielerin. Sie sucht sich ebenfalls einen Stuhl aus und unterstützt wieder den Rhythmus. Das Spiel ist beendet, sobald die letzte Teilnehmerin sich auf den letzten freien Stuhl setzt. Bei der Übergabe der Pois sollte darauf geachtet werden, das Schwingen nicht zu unterbrechen.

Variationen:

- Sobald das Schwingen bei der Übergabe unterbrochen wird, beginnt das Spiel von vorne.
- Kommt eine der Schwingenden aus dem Rhythmus, beginnt das Spiel erneut.
- Andere Schwungbilder oder Rhythmusfolgen schwingen.

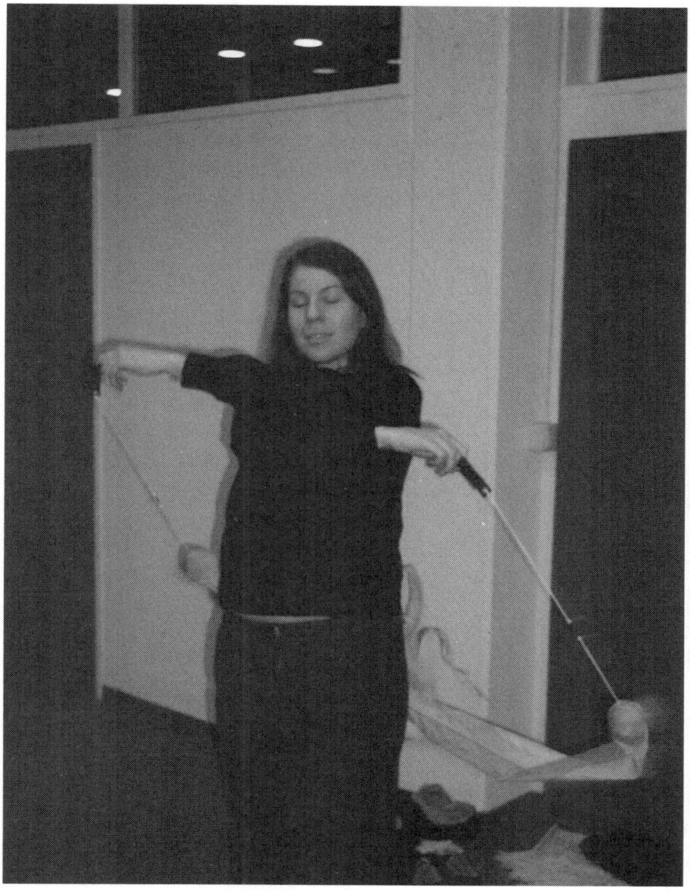

Schulter klopfen

Geeignet für:
Pois, Schwinglis, Jongliertücher, Jonglierbälle, Jonglierkeulen, Jonglierringe, Diabolos, Devil Sticks, Teller, Zigarrenkisten, Jojos, Astrojax, Meteors, Bolas, Stäbe.

Lernziele:
- Zusammenarbeit fördern.
- Rhythmisches Bewegen üben.
- Bewegung und Rhythmik verbinden.
- Feinmotorik schulen.
- Kreativität fördern.
- Körperkontakt erleben.

Rahmenbedingungen:
- Raum mit 10-15 Metern Länge und 10-15 Metern Breite oder Freigelände.
- Zeitdauer 10-20 Minuten.
- Gruppe von 10-20 Personen.
- Keine Altersbeschränkung.

Material:
- Ein Paar Pois für jedes Teilnehmerpaar.

Ablauf:
Es bilden sich Paare. Die beiden Personen stellen sich hintereinander auf. Der hintere Teilnehmer beginnt nun, auf das Schulterblatt seines Vordermannes mit leichten Schlägen einen Rhythmus zu klatschen. Dieser hat nun die Aufgabe, die Pois zu diesem Rhythmus zu schwingen. Dabei darf er sich selbst die Schwungfigur aussuchen und diese auch wechseln. Die Rhythmusgeschwindigkeit und die Rhythmusfolge darf geändert werden. Anschliessend tauschen beide Partner die Rollen.

Variationen:
- Einem oder beiden Partnern werden dabei die Augen verbunden.
- Die Paare gehen durch den Raum.
- Alle Paare versuchen, einen gemeinsamen Rhythmus zu finden.

Break

Geeignet für:
Pois, Schwinglis, Jongliertücher, Jonglierbälle, Jonglierkeulen, Jonglierringe, Diabolos, Devil Sticks, Teller, Zigarrenkisten, Jojos, Astrojax, Meteors, Bolas, Stäbe.

Lernziele:
- Einsätze üben.
- Rhythmisches Bewegen trainieren.
- Bewegung und Rhythmik verbinden.
- Aufmerksamkeit schulen.

Rahmenbedingungen:
- Raum mit 10-15 Metern Länge und 10-15 Metern Breite oder Freigelände.
- Zeitdauer 10 Minuten.
- Gruppe von 10-20 Personen.
- Keine Altersbeschränkung.

Material:
- Ein Paar Pois für jede Teilnehmerin, Musikanlage.

Ablauf:
Alle stellen sich im Kreis auf. Der Leiter spielt Musik ein. Dazu zählt er vor: „Eins", „Zwei", „Drei", „Vier". Exakt mit dem Beginn der Musik setzen auch die Teilnehmerinnen mit dem rhythmischen Schwingen zur Musik ein. Nach kurzer Zeit unterbricht der Leiter die Musik. Mit dem Stop stellen die Teilnehmerinnen unmittelbar das Schwingen ein. Die Übung beginnt von vorne.

Variationen:
- Die Augen der Teilnehmerinnen werden verbunden.
- Die Teilnehmerinnen gehen während des Schwingens durch den Raum und bleiben stehen, sobald die Musik unterbrochen wird.
- Wer den Einsatz verpasst, scheidet aus.

„Eins“, „Zwei“....

Geeignet für:
Pois, Schwinglis, Jongliertücher, Jonglierbälle, Jonglierkeulen, Jonglierringe, Diabolos, Devil Sticks, Teller, Zigarrenkisten, Jojos, Astrojax, Meteors, Bolas, Stäbe.

Lernziele:
- Zusammenarbeit fördern.
- Rhythmisches Bewegen üben.
- Bewegung und Rhythmik verbinden.
- Namen der Mitspieler einprägen.
- Einsätze üben.

Rahmenbedingungen:
- Raum mit 8-15 Metern Länge und 8-15 Metern Breite oder Freigelände.
- Zeitdauer 10-15 Minuten.
- Gruppe von 10-20 Personen.
- Keine Altersbeschränkung.

Material:
- Ein Paar Pois für jeden Teilnehmer.

Ablauf:
Die Teilnehmer stellen sich im Kreis auf. Alle beginnen rhythmisch einen beliebigen Schwung im Viervierteltakt zu schwingen. Ein Schwung entspricht einem Viertelnotenwert. Die Spielleiterin beginnt zu zählen „Eins“, „Zwei“, auf die „Drei“ nennt sie ihren eigenen Namen, auf die „Vier“ den Namen eines Teilnehmers. Nun beginnt dieser mit „Eins“, „Zwei“ zu zählen. Auf die „Drei“ nennt er seinen eigenen Namen, auf die „Vier“ den eines anderen Teilnehmers. Nun ist dieser an der Reihe.

Variationen:
- Allen werden die Augen verbunden.
- Die Teilnehmer gehen durch den Raum.
- Verpasst ein Teilnehmer seinen Einsatz, muss er ein Pfand geben oder er scheidet aus.

Ruhige Spiele

Poi - Massage

Geeignet für:
Pois, Schwinglis, Jonglierbälle, Jonglierkeulen, Meteors, Bolas.

Lernziele:
- Körperlichkeit erleben.
- Entspannung aufkommen lassen und „ruhig werden“.
- Erlebnis von „Sich fallen lassen“.
- „Geben und Nehmen“ thematisieren.

Rahmenbedingungen:
- Raum mit 10-15 Metern Länge und 6-10 Metern Breite oder Freigelände.
- Zeitdauer 10-15 Minuten.
- Gruppe von 10-20 Personen.
- Keine Altersbeschränkung.

Material:
- Pro Spielpaar ein Poi, Decken, Musikanlage, Meditationsmusik.

Ablauf:
Es bilden sich Paare. Eine Person legt sich, mit dem Gesicht nach unten, auf eine Decke. Der Partner massiert mit dem Poi den Rücken, den Kopf, den Hintern, die Beine und die Füsse. Nach fünf bis zehn Minuten tauschen die Paare die Rollen. Anschliessend kann ein Auswertungsgespräch stattfinden.

Reflexionsfragen:
- Wie habt Ihr beide Rollen empfunden?
- Hattet Ihr Berührungsängste?
- Gab es beim Massieren „Tabuzonen“?

Wetterdienst

Geeignet für:
Pois, Schwinglis, Jonglierbälle.

Lernziele:
- Körperlichkeit erleben.
- Unterschiedlichste Berührungsformen erleben.
- Erlebnis von „Sich fallen lassen".
- „Geben und Nehmen" thematisieren.

Rahmenbedingungen:
- Raum mit 10-15 Metern Länge und 6-10 Metern Breite oder Freigelände.
- Zeitdauer 20-30 Minuten.
- Gruppe von 10-50 Personen.
- Keine Altersbeschränkung.

Material:
- Für alle Teilnehmer, ausser den liegenden Personen, ein Paar Pois, Decken, Musikanlage, Meditationsmusik.

Ablauf:
Es bilden sich Gruppen von vier bis sieben Personen. In jeder Gruppe legt sich ein Spieler, mit dem Gesicht und dem Bauch nach unten, auf die Decke. Die anderen knien sich um ihn herum und jeder hat in beiden Händen jeweils ein Poi. Mit diesen betätigen sie sich als Wetterdienst:

Sonnenschein:
Die Pois liegen auf dem Rücken des Liegenden.

Wind:
Die Spieler streifen mit den Pois ganz leicht von oben nach unten über den Körper des Liegenden.

Nieselregen:
Die Pois tanzen ganz sanft auf dem Rücken des Liegenden.

Dicke Regentropfen:
Langsame, intensive auf- und ab-Bewegungen. Der Druck auf den Rücken darf nicht zu stark ausgeübt werden.

Landregen:
Die Geschwindigkeit der Klopfbewegung wird erhöht.

Die unterschiedlichen Bewegungen werden von der Spielleiterin in eine kleine „Wettergeschichte“ verpackt und für alle Gruppen gleichzeitig erzählt. Nach drei bis fünf Minuten darf sich ein anderes Gruppenmitglied auf die Decke legen.

Reflexionsfragen:

- Wie habt Ihr beide Rollen empfunden?
- Hattet Ihr Berührungsängste?
- Gab es beim Massieren „Tabuzonen“?

Poi - Solo

Geeignet für:
Pois, Schwinglis, Jongliertücher, Jonglierbälle, Jonglierkeulen, Jonglierringe, Diabolos, Devil Sticks, Teller, Zigarrenkisten, Jojos, Astrojax, Meteors, Bolas, Stäbe.

Lernziele:

- Mit der eigenen Persönlichkeit auseinandersetzen.
- Durch die ständig wiederkehrende Bewegung in eine meditative Stimmung gelangen.
- Erlebnis von „Sich fallen lassen“ ermöglichen.
- Das Schwingen und dessen Wirkung auf die eigene Person erleben.

Rahmenbedingungen:

- Freigelände mit entsprechender Grösse.
- Zeitdauer 30-40 Minuten.
- Gruppe von 10-50 Personen.
- Alter ab 14 Jahren.

Material:

- Pro Spielerin ein Paar Pois.

Ablauf:
Jede Teilnehmerin sucht sich einen einsamen Platz im Freigelände aus. Dieser wird dem Spielleiter mitgeteilt. Anschliessend begeben sich die Spielerinnen an diesen Platz und beginnen eine Figur für etwa 15 Minuten zu schwingen. Um die Gelenke nicht zu sehr zu belasten, sollte jede Spielerin darauf aufmerksam gemacht werden, langsam zu schwingen. Dabei sollte weder Blick- noch Sprechkontakt zu den anderen Teilnehmerinnen möglich sein.
Nach 15 Minuten bringt der Spielleiter die Teilnehmerinnen wieder zusammen und das Auswertungsgespräch findet statt.

Reflexionsfragen:

- Was habe ich in den vergangenen 15 Minuten erlebt?
- Konnte ich wirklich die gesamte Zeit nur eine Figur schwingen oder habe ich variiert?
- Was hat das gleichmässige Schwingen in mir ausgelöst?

Rückenschaukel

Geeignet für:
Pois, Schwinglis, Jongliertücher, Jonglierbälle, Jonglierkeulen, Jonglierringe, Diabolos, Devil Sticks, Teller, Zigarrenkisten, Jojos, Astrojax, Meteors, Bolas, Stäbe.

Lernziele:
- Körperlichkeit erleben.
- Entspannung aufkommen lassen und „ruhig werden".
- Erlebnis von „Sich fallen lassen" ermöglichen.
- „Geben und Nehmen" thematisieren.
- Gemeinsamen Rhythmus finden.
- Gleichgewichtssinn schulen.

Rahmenbedingungen:
- Raum mit 10-15 Metern Länge und 6-10 Metern Breite oder Freigelände.
- Zeitdauer 10-15 Minuten.
- Gruppe von 10-20 Personen.
- Alter ab 10 Jahren.

Material:
- Pro Spieler ein Paar Pois, Musikanlage, Meditationsmusik.

Ablauf:
Es bilden sich Paare. Diese stellen sich Rücken an Rücken. Dabei berühren sich die beiden leicht. Nun beginnen beide gleichzeitig, die *aufgehende Sonne* zu schwingen. Dabei achten sie darauf, dass sie im gleichen Rhythmus schwingen. Nach einiger Zeit beginnen sie, sich langsam vor und zurück zu bewegen ohne dabei den Körperkontakt zueinander zu verlieren und trotzdem aber den Schwungrhythmus beizubehalten.

Variation:
- Den Teilnehmerinnen werden die Augen verbunden oder sie schwingen und schaukeln mit geschlossenen Augen.

Reflexionsfragen:
- Wie habt Ihr die Übung erlebt?
- Hattet Ihr Berührungsängste?
- Konntet ihr schnell einen gemeinsamen Schaukel-Rhythmus finden?

Schwingende Hände

Geeignet für:
Pois, Schwinglis, Jongliertücher, Jonglierbälle, Jonglierkeulen, Jonglierringe, Diabolos, Devil Sticks, Teller, Zigarrenkisten, Jojos, Astrojax, Meteors, Bolas.

Lernziele:
- Körperlichkeit erleben.
- Entspannung aufkommen lassen und „ruhig werden".
- Erlebnis von „Sich fallen lassen" ermöglichen.
- „Geben und Nehmen" thematisieren.
- Sich in eine andere Person hineinfühlen können.
- Bewegungsabfolgen verinnerlichen.

Rahmenbedingungen:
- Raum mit 10-15 Metern Länge und 6-10 Metern Breite oder Freigelände.
- Zeitdauer 10-20 Minuten.
- Gruppe von 10-20 Personen.
- Alter ab 10 Jahren.

Material:
- Pro Spielerpaar ein Paar Pois, Musikanlage, Meditationsmusik.

Ablauf:
Es bilden sich Paare. Diese stellen sich jeweils hintereinander. Nun beginnt die vordere Spielerin, den *voran rollenden Wagen* zu schwingen. Langsam umgreift die hintere Partnerin sanft die Handgelenke der Schwingenden und lässt sich von der Bewegung leiten. Nach einiger Zeit wechseln die Rollen.

Variationen:
- Den Teilnehmerinnen werden die Augen verbunden oder sie schliessen die Augen.
- Unterschiedlichste Schwungbilder schwingen.
- Nur mit einem Poi schwingen.
- Die führende Person gibt langsam die leitende Rolle an die hintere Teilnehmerin ab. Die Führung kann auch zwischen beiden wechseln.
- Bei der Übung nicht sprechen.

Reflexionsfragen:

- Wie habt Ihr die Übung erlebt?
- Hattet Ihr Berührungsängste?
- Konntet Ihr Euch aufeinander einlassen?
- Konntet Ihr schnell einen gemeinsamen Rhythmus finden?
- Wie war es, wenn ich führte oder geführt wurde?
- Was haben wir erlebt, als die Führungsrolle wechselte?

Anmerkung:
Diese Übung eignet sich besonders gut, um Bewegungsabfolgen einzustudieren. Stärkere Teilnehmerinnen helfen Schwächeren. Sobald die Schwächeren die Bewegungsabfolge verinnerlicht haben, übernehmen sie die Führungsrolle. Ausserdem eignet sich dieses Spiel sehr gut als Übung für nonverbale Kommunikation.

Zeitlupe

Geeignet für:
Pois, Schwinglis, Jongliertücher, Jonglierbälle, Jonglierkeulen, Jonglierringe, Diabolos, Devil Sticks, Teller, Zigarrenkisten, Jojos, Astrojax, Meteors, Bolas, Stäbe.

Lernziele:
- Körperlichkeit erleben.
- Feinmotorik trainieren.
- Bewegungsabfolgen verinnerlichen.
- Wettkampfcharakter schaffen.

Rahmenbedingungen:
- Raum mit 10-15 Metern Länge und 6-10 Metern Breite oder Freigelände.
- Zeitdauer 10-20 Minuten.
- Gruppe von 10-20 Personen.
- Keine Altersbeschränkung.

Material:
- Pro Spielerpaar ein Paar Pois.

Ablauf:
Es bilden sich Paare. Die Spielleiterin gibt einen Schwung (z.B. den *voran rollenden Wagen)* vor. Nun schwingt ein Partner und der andere zählt die Anzahl der Schwünge. Ziel des Schwingens ist es, eine Minute lang diesen Schwung möglichst langsam zu schwingen. Die Anzahl der Schwünge soll möglichst gering sein, ohne dabei das Schwingen zu unterbrechen. Danach tauschen die Partner ihre Rollen. Es können mehrere Durchgänge gespielt werden. Der Teilnehmer mit der geringsten Schwunganzahl ist der Sieger und erhält einen Punkt. Erreicht ein Teilnehmer fünf Punkte, so ist er Gewinner dieser Spielrunde.

Variationen:
- Die Spielleiterin gibt neue Schwünge vor.
- Den Teilnehmern werden die Augen verbunden oder sie schliessen die Augen.
- Nur mit einem Poi schwingen.

Anmerkung:
Diese Übung eignet sich besonders gut, um Bewegungsabfolgen einzustudieren und bewusst zu machen. Durch den Wettkampfcharakter (siehe Variationen) werden die Teilnehmer angehalten, diese Übung wirklich ernst zu nehmen.

Gefühlsausbruch

Geeignet für:
Pois, Schwinglis, Jongliertücher, Jonglierbälle, Jonglierkeulen, Jonglierringe, Diabolos, Devil Sticks, Teller, Zigarrenkisten, Jojos, Astrojax, Meteors, Bolas, Stäbe.

Lernziele:
- Körperlichkeit erleben.
- Körperausdruck trainieren.
- Gefühle ausdrücken üben.

Rahmenbedingungen:
- Raum mit 10-15 Metern Länge und 6-10 Metern Breite oder Freigelände.
- Zeitdauer 15-25 Minuten.
- Gruppe von 6-10 Personen.
- Alter ab 12 Jahren.

Material:
- Ein Paar Pois für jede Teilnehmerin der Darstellerinnengruppe, vorbereitete Zettel mit Stichworten zu Gefühlen.

Ablauf:
Es bilden sich zwei Gruppen. Eine Gruppe bekommt einen Zettel, auf dem ein Gefühl geschrieben steht. Diese Gruppe hat nun die Aufgabe, durch beidhändiges Poi-Schwingen und Körperbewegung, dieses Gefühl auszudrücken. Die andere Gruppe muss erraten, um welches Gefühl es sich handelt. Danach werden die Rollen getauscht.

Variationen:
- Nur mit einem Poi schwingen.
- Nur eine Teilnehmerin drückt die Emotion durch Poi-Schwingen aus.

Anmerkung:
Dieses Spiel eignet sich besonders gut, um den Körperausdruck für eine Aufführung zu üben und bewusst zu machen.

Atempause

Geeignet für:
Pois, Schwinglis, Jongliertücher, Jonglierkeulen, Jonglierringe, Astrojax, Meteors, Bolas.

Lernziele:
- Körperlichkeit erleben.
- Bewusst atmen.

Rahmenbedingungen:
- Raum mit 10-15 Metern Länge und 10-15 Metern Breite oder Freigelände.
- Zeitdauer 10 Minuten.
- Gruppe von 10-20 Personen.
- Keine Altersbeschränkung.

Material:
- Ein Paar Pois für jeden Teilnehmer.

Ablauf:
Die Gruppe verteilt sich im Raum und beginnt zunächst, das *rechte Rad im zurück rollenden Wagen,* dann das *linke Rad im zurück rollenden Wagen* und schliesslich den *zurück rollenden Wagen* zu schwingen. In der Bewegung nach oben atmen alle ein, mit dem Schwung nach unten wieder aus. Die Kreise können durch das Ausstrecken der Arme grösser werden oder mit Hilfe von Wanderschwüngen vor den Körper in *die aufgehende Sonne* wechseln. Später ändert die Spielleiterin die Schwungrichtung in die *untergehende Sonne.*
Wichtig ist vor allem, dass die Teilnehmer langsam und im Atemrhythmus schwingen und ihren Atem bewusst wahrnehmen.

Variationen:
- Es wird nur mit einem Poi geschwungen.
- Die Teilnehmer schliessen die Augen.

Spiele

mit

Vertrauen

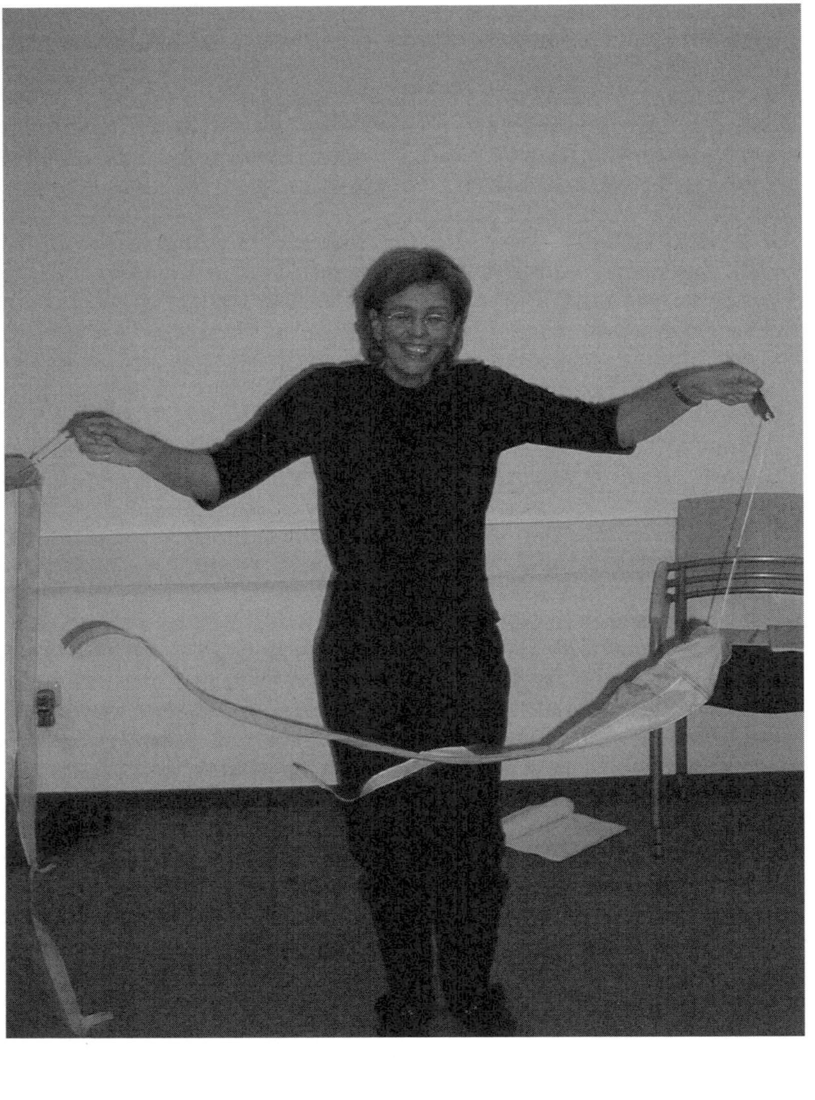

Schwingendes Pendel

Geeignet für:
Pois, Schwinglis, Jonglierkeulen, Jojos, Astrojax, Meteors, Bolas.

Lernziele:
- Vertrauen geben und Vertrauen schenken üben.
- Erlebnis von „Sich fallen lassen“ ermöglichen.
- Schwingen mit geschlossenen Augen trainieren.

Rahmenbedingungen:
- Raum mit 10-15 Metern Länge und 10-15 Metern Breite oder Freigelände.
- Zeitdauer 20-30 Minuten.
- Gruppe von 10-20 Personen.
- Alter ab 10 Jahren.

Material:
- Pro Dreiergruppe ein Paar Pois und eine Augenbinde.

Ablauf:
Es bilden sich Dreiergruppen. Eine Person stellt sich mit verbundenen Augen zwischen die beiden anderen und spielt mit ausgestreckten Armen einen Schwung aus der *Wagen*-Gruppe. Nun pendelt dieser Spieler zwischen den beiden anderen hin und her. Dabei ist es wichtig, dass die pendelnde Person sich steif wie ein Brett macht. Die in Fallrichtung stehende Person fängt den Blinden mit ausgestreckten Armen auf und federt ihn nach hinten ab. Nun ist der hintere Spieler mit dem Abfedern an der Reihe. Der Schwinger pendelt zwischen den beiden hin und her. Dabei kann die Pendelstrecke vergrössert und verkleinert werden. Wichtig ist, dass der Schwinger sich stets sicher fühlt.
Beim Auffangen sollten die beiden anderen die pendelnde Person vor allem im mittleren Schulterbereich abfedern. Nach einer gewissen Zeit werden die Rollen getauscht. Jede Person sollte die Möglichkeit haben, in der Mitte zu stehen und sich fallen zu lassen.

Variation:
- Anfangs die Augen nicht verbinden.

Reflexionsfragen:

- Wie habt Ihr Euch in den einzelnen Rollen gefühlt?
- War es schwer oder leicht sich fallen zu lassen?
- Wie ernst habt Ihr die Verantwortung als Fänger genommen?
- Welchen Unterschied macht es, mit geschlossenen Augen zu schwingen und dabei keine feste Verbindung zur Erde zu fühlen?

Sich führen lassen

Geeignet für:
Pois, Schwinglis, Jongliertücher, Jonglierbälle, Jonglierkeulen, Jonglierringe, Diabolos, Devil Sticks, Teller, Jojos, Astrojax, Meteors, Bolas.

Lernziele:
- Vertrauen geben und Vertrauen schenken üben.
- Erlebnis von „Sich fallen lassen" ermöglichen.
- Führung übernehmen und geführt werden erleben.
- Verantwortung übernehmen trainieren.

Rahmenbedingungen:
- Raum mit 5-10 Metern Länge und 6-10 Metern Breite oder Freigelände.
- Zeitdauer 10-20 Minuten.
- Gruppe von 10-20 Personen.
- Alter ab 10 Jahren.

Material:
- Pro Spielerinnenpaar ein Paar Pois.

Ablauf:
Es bilden sich Paare. Eine Person schwingt die *aufgehende Sonne.* Nun nähert sich die Partnerin von hinten an und übernimmt die Führung der Hände, indem sie mit ihren Armen um den Körper der Schwingenden greift und die Handgelenke erfasst. So schwingen nun beide gemeinsam unter der Führung der hinteren Person. Nach einer gewissen Zeit werden die Rollen getauscht.

Variationen:
- Es können auch andere Schwungfiguren verwendet werden.
- Rhythmisches Schwingen zu Musik.
- Es werden Dreiergruppen gebildet und zwei Person führen jeweils eine Hand.
- Einer oder beiden Personen werden die Augen verbunden.
- Das Spielerinnenpaar läuft durch den Raum.

Reflexionsfragen:
- Wie habt Ihr Euch in den einzelnen Rollen gefühlt?
- War es schwer oder leicht sich führen zu lassen?
- Zeigt Ihr im Alltag ähnliche Verhaltensweisen?

Förderband

Geeignet für:
Pois, Schwinglis, Jongliertücher, Jonglierbälle, Jonglierkeulen, Jonglierringe, Teller, Zigarrenkisten, Astrojax, Meteors, Bolas, Stäbe.

Lernziele:
- Vertrauen geben und Vertrauen schenken üben.
- Erlebnis von „Tragen, Schweben und Schwingen“ ermöglichen.
- Verantwortung übernehmen trainieren.

Rahmenbedingungen:
- Raum mit 5-10 Metern Länge und 4-6 Metern Breite oder Freigelände.
- Zeitdauer 30-45 Minuten.
- Gruppe von 20-30 Personen.
- Alter ab 14 Jahren.

Material:
- Ein Paar Pois.

Ablauf:
Die Teilnehmer liegen in zwei Reihen ganz eng nebeneinander mit dem Rücken am Boden. Die Füsse zeigen nach aussen, die Köpfe liegen Ohr an Ohr nebeneinander, ähnlich einem Reissverschluss aus Menschen. Die Arme sind senkrecht in die Höhe gestreckt und die Handflächen bilden ein Förderband. Ein Spieler legt sich langsam mit dem Rücken auf die tragenden Hände. Hier sollten einer oder mehrere Helfer zur Verfügung stehen. Liegt jener nun sicher auf dem Händebett, beginnt er, die *aufgehende Sonne* in der Horizontalen zu schwingen. Während des Schwingens wird der Schwinger langsam und vorsichtig zum anderen Ende der Reihe weitergereicht.
Jetzt darf sich ein anderer Teilnehmer in den schwebenden und schwingenden Zustand begeben. Wenn alle Teilnehmer an der Reihe waren, geht die Leiterin zur Reflexionsphase über.

Variation:
- Die Teilnehmer liegen nicht auf dem Boden, sondern stehen. Langsam heben sie den Schwinger in die Höhe und transportieren ihn über ihren Köpfen durch den Raum. Nach einer gewissen Zeit lassen sie ihn wieder vorsichtig, mit den Füssen voran, zu Boden.

Reflexionsfragen:

- Wie war es für Euch, getragen zu werden?
- Wie habt Ihr Euch als Verantwortliche im Förderband gefühlt?
- Hatte das Schwingen nochmals eine besondere Bedeutung?

Poi - Run

Geeignet für:
Pois, Schwinglis, Jonglierbälle, Jonglierkeulen, Jonglierringe, Meteors, Bolas.

Lernziele:
- Vertrauen geben und Vertrauen schenken üben.
- Erlebnis von „Laufen und Schwingen" ermöglichen.
- Verantwortung übernehmen trainieren.
- Aufmerksamkeit üben.
- Zusammenarbeit in der Gruppe trainieren.

Rahmenbedingungen:
- Raum mit 30-40 Metern Länge und 10-15 Metern Breite oder Freigelände.
- Zeitdauer 30-45 Minuten.
- Gruppe von 20-40 Personen.
- Alter ab 14 Jahren.

Material:
- Ein Paar Pois.

Ablauf:
Die Teilnehmerinnen bilden eine Gasse. Zwei Reihen stehen einander mit Blickkontakt gegenüber. Die Arme sind waagerecht ausgestreckt. Uhren und Ringe sollten abgelegt werden. Zwischen beiden Reihen ist ein Abstand von eineinhalb bis zwei Metern. Eine Teilnehmerin stellt sich im Abstand von fünf Metern in Fluchtrichtung vor die Gasse und beginnt, mit den Pois den *zurück rollenden Wagen* zu schwingen. Vor dem Loslaufen der Schwingerin muss die Gruppe ihre Bereitschaft folgendermassen signalisieren:
Die Schwingerin fragt „Seid ihr bereit?" Falls dies der Fall ist, antwortet die Gruppe gemeinsam im Chor mit einem lautstarken „Ja".
Nun kündigt die Schwingerin den Lauf an. Sie läuft, die Pois schwingend, in Richtung Gasse. Kurz bevor die schwingenden Pois die Gasse erreichen, reissen die Teilnehmerinnen nacheinander in der Gasse die Arme nach oben und die Schwingerin kann ungehindert schwingend durch die Gasse laufen.
Die nächste Teilnehmerin ist an der Reihe. Die Schwingerin nimmt deren Platz in der Gasse ein. Sind alle durch die Gasse gelaufen, folgt die Reflexionsphase.

Reflexionsfragen:

- Wie war es für Euch, schwingend durch die Gasse zu laufen?
- Wie habt Ihr Euch als Verantwortliche in der Gasse gefühlt?
- War es schwer, sich zu konzentrieren?

Schwingende Roboter

Geeignet für:
Pois, Schwinglis, Jongliertücher, Jonglierbälle, Jonglierkeulen, Jonglierringe, Diabolos, Devil Sticks, Teller, Zigarrenkisten, Jojos, Astrojax, Meteors, Bolas, Stäbe.

Lernziele:
- „Vertrauen geben“ und „Vertrauen schenken“ ermöglichen.
- Erlebnis von „Geführt werden“ thematisieren.
- Verantwortung übernehmen trainieren.
- Aufmerksamkeit üben.

Rahmenbedingungen:
- Raum mit 10-20 Metern Länge und 10-20 Metern Breite oder Freigelände.
- Zeitdauer 15-25 Minuten.
- Gruppe von 10-20 Personen.
- Keine Altersbeschränkung.

Material:
- Ein Paar Pois für jedes Spielerpaar und eine Augenbinde.

Ablauf:
Die Teilnehmer bilden Paare und verteilen sich im Raum. Je einer ist der schwingende Roboter. Ihm werden die Augen verbunden. Der andere steuert den Gang des Roboters und stellt sich dazu hinter ihm auf. Auf ein Zeichen der Spielleiterin bringt der Steuermann den Roboter in Gang. Dies geschieht durch ein leichtes Tippen mit einer Hand auf die Mitte des Rückens. Der Roboter läuft langsam los und schwingt dabei die *aufgehende Sonne*. Tippt der Steuermann leicht auf die rechte Schulter, so macht der Roboter eine Vierteldrehung nach rechts. Klopft er leicht auf die linke Schulter, nimmt er eine Viertelumdrehung nach links vor. Ein Doppelklopfen auf die Rückenmitte bedeutet „Stop“. Mit einem erneuten, einmaligen Klopfen kommt der Roboter wieder in Gang. Die Roboter sollen sich gegenseitig nicht in die Quere kommen.
Nach einer gewissen Zeit tauschen die Partner die Rollen.

Reflexionsfragen:
- Wie war es für Euch, schwingend blind und von einer anderen Person gesteuert, durch den Raum zu laufen?
- Wie habt Ihr Euch als verantwortliche Steuermänner gefühlt?

Anhang:

Die metaphorische Sprache:

Ich habe für die einzelnen Schwungfiguren - das jeweilige Schwungbild - beschreibende Namen gewählt.

I. Kreisschwünge

Wagen:

Wenn du die Pois links und rechts vom Körper spielst, so erinnert das an *Räder*. Deine Arme bilden die Achse. Das Gesamtbild ist ein *Wagen*. Stelle dir vor, du bist ein Teil des *Wagens*!

Der *Wagen* kann sich zurück bewegen. Die Pois laufen in deinem unmittelbaren Sichtfeld vor dem Körper von unten nach oben, so als würden sie *zurück rollen*. Wenn sich der *Wagen voran* bewegt, schwingen die Pois hier von oben nach unten.

Das *flinke Rad* bezeichnet einen - im Vergleich zum anderen Rad - um eine halbe Umdrehung vorversetzten Schwung. Dies kann rechts oder links sein.

Sonne:

Schwingst du die Pois im Kreisschwung, so dass sie sich vor deinem Körper kreuzen, wirkt das wie ein Sonnenbild. Die beiden Pois sind zwei *Strahlen der Sonne*. Soll die *Sonne aufgehen,* beschleunigst du die Pois in den Innenkreisen von unten nach oben. Deine Hände bewegen sich dabei aufeinander zu. Für das Bild einer *untergehenden Sonne* beschleunigst du die Pois in den Innenkreisen von oben nach unten. Wieder bewegen sich deine Hände zueinander. Ist es nicht ein schönes Gefühl, die *Sonne* auf- und untergehen zu lassen?

Der *flinke Strahl* bezeichnet einen um eine halbe Umdrehung vorversetzten Schwung. Dies kann rechts oder links sein.

Helikopter:

Spielst du die Pois kreuzend über dem Kopf, so erinnern sie an die beiden *Blätter* eines *Helikopters*. Es scheint so, als *hebe* er *ab,* wenn deine Handinnenflächen nach oben zeigen. Du beschleunigst die Pois in den Innenkreisen von vorne nach hinten. Zeigen die Handinnenflächen nach unten, entsteht die Illusion, dass der *Helikopter landet*. Du beschleunigst die Pois in den Innenkreisen von hinten nach vorne. Das *flinke linke* oder *rechte Blatt* bezeichnet ein um eine halbe Umdrehung vorversetztes Poi.

II. Achterschwünge

Kreuz:
Bei diesen Achterschwüngen aus dem *Wagen* beschreiben die Pois vor deinem Sichtfeld eine diagonale Kreuzbewegung. Es gibt ein *steigendes* und ein *fallendes Kreuz.*

Sternschnuppen:
Diese versetzten Achterschwünge aus dem *Wagen* entstehen durch das kreuzend versetzte *Aufsteigen* oder *Fallen* der Pois in deinem Sichtfeld. Sie sehen wie zwei einander jagende *Sternschnuppen* aus. Es gibt jeweils eine *flinke rechte* und *linke Sternschnuppe*.

Morgenrot:
Ein- und zweihändige Achterschwünge aus der *aufgehenden Sonne* bezeichnen das *Morgenrot*. Es gibt ein *rechtes* (Achterschwung rechts), *linkes* (Achterschwung links) und ein *volles* (beide Achterschwünge gleichzeitig) *Morgenrot*. Dieser Schwung sieht sehr verspielt aus, und ist so schön wie das *Morgenrot* in seinen Farben. Vorversetzte Schwungfiguren werden als *flinker rechter* und *linker Strahl* im jeweiligen *Morgenrot* bezeichnet.

Abendrot:
Ein- und zweihändige Achterschwünge aus der *untergehenden Sonne* bezeichnet das *Abendrot*. Es gibt ein *rechtes, linkes* und ein *volles Abendrot*. Dieser Schwung sieht ebenfalls sehr verspielt aus, und ist so schön wie das *Abendrot* in seinen Farben.
Die vorversetzten Schwungfiguren nenne ich *flinker rechter* und *linker Strahl* im jeweiligen *Abendrot*.

III. Zauberschwünge

Zauberschwung:
Mit dieser Schwungfigur leitest du mit Hilfe eines Umlenkschwunges in eine andere Schwungfigur über, z.B. vom *Wagen* in die *Sonne*. Auf den Zuschauer wirkt ein unerwarteter Zauberschwung wie Magie!

Ankunft:
Den zweihändigen Zauber, also den Wechsel *zurück rollender Wagen* und *untergehende Sonne* und wieder zurück, nenne ich *Ankunft*. Es wirkt, als kehrtest du zur untergehenden Sonne zurück! Außerdem gibt es eine *flinke rechte* und *linke Ankunft*, also vorversetztes Schwingen.

Abschied:
Den zweihändigen Zauber, also den Wechsel *voran rollender Wagen* mit *aufgehender Sonne* und wieder zurück, nenne ich *Abschied*. Es wirkt, als würdest du dein Heim zur aufgehenden Sonne hin verlassen. Wieder gibt es einen *flinken rechten* und *linken Abschied* - vorversetztes Schwingen.

Landung:
Den zweihändigen Zauber, also den Wechsel *zurück rollender Wagen* und *landendem Helikopter* und wieder zurück, nenne ich *Landung*. Es gibt eine *flinke rechte* und *linke Landung* – vorversetztes Schwingen.

Abflug:
Den zweihändigen Zauber, den Wechsel *voran rollenden Wagen* mit *abhebendem Helikopter* und wieder zurück, nenne ich *Abflug*. Es gibt einen *flinken rechten* und *linken Abflug*.

Morgenlandung:
Den zweihändigen Zauber, also den Wechsel *aufgehende Sonne* und *landendem Helikopter* und wieder zurück, nenne ich *Morgenlandung*. Es gibt eine *flinke rechte* und *linke Morgenlandung*.

Abendflug:
Den zweihändigen Zauber, also den Wechsel zwischen *untergehender Sonne* mit *abhebendem Helikopter* und wieder zurück, nenne ich *Abendflug*. Es gibt einen *flinken rechten* und *linken Abendflug*.

Einfache Schwünge:

Zurück rollender Wagen

Aufgehende Sonne

Fallendes Kreuz

Abhebender Helikopter

Weitere Veröffentlichungen von Klaus Scheuermann

Die Faszination der fliegenden Kugeln

200 Seiten
ISBN 978-3-926292-10-0
Durch systematisches, aufbauendes Lernen des Poi-Schwingens können von Anfang an viele verschiedene Kombinationen ausgeführt werden. Mit Hilfe von Metaphern und einer Choreographieschrift erweitern sich die Möglichkeiten des Poi-Schwingens.

Schwinglieren

188 Seiten
ISBN 978-3-926292-30-8
Dieses Buch entführt in die Welt des Schwinglierens Schwinglierbewegungen können mit verschiedenen Objekten ausgeführt werden. Muster des Jonglierens Kaskade, Säule und Shower sind in das Konzept eingebunden und lassen sich alleine oder mit einem Partner spielen.
Die neuartigen Bewegungsmuster sind als Daumenkino abgebildet.

Inspiration Feuer

56 Seiten
ISBN 978-3-926292-17-9
Feuer fasziniert und inspiriert den Menschen seit Urzeiten. Dieser Fotosammelband soll zum meditativen Verweilen einladen. Die atemberaubenden Effekte der Feuerkreise - durch das Poi-Schwingen kreiert - und die vom Autor dazu formulierten Gedanken geben diesem Werk eine individuelle Note.

Poimemo

38 Seiten
ISBN 978-3-926292-26-1
Dieses Lernspiel ermöglicht spielerisch mit Hilfe von Farbunterscheidungen die einfachen Schwünge, die Schwungnamen und die Notation zum Poi-Schwingen nach Klaus Scheuermann mit Kindern im Kindergarten und in der Grundschule zu lernen. Es fördert das Raum-Lage-Verständnis, steigert die Merkfähigkeit und unterstützt das lustbetonte Lernen.

Faszination Regenbogen

Spielanleitung 24 Seiten
ISBN 978-3-926292-25-4
Dieses Kartenspiel bietet 20 Spielideen in verschiedenen Schwierigkeitsgraden und für alle Altersstufen für 1-10 Spieler. Die Kartenspiele schulen lustvoll das Verständnis für die Regenbogenfarben. Darüber hinaus vermittelt es die Bewegungsabläufe, die Schwungnamen und die Notation zum Poi-Schwingen. Vorkenntnisse sind nicht erforderlich. Der Kartensatz enthält 60 Karten, die Anleitung umfasst 24 Seiten.

Bewegungsarbeit mit Poi-Schwingen

62 Seiten
ISBN 978-3-926292-31-5
Dieses Buch zeigt, wie Poi-Schwingen im Kindergarten und in Förderschulen eingesetzt werden kann. Es enthält Überlegungen zur Bedeutung des Poi-Spiels und des zugehörigen Konzeptes Bewegung-Name-Notation. Konkrete, praktisch umsetzbare Einheiten ermöglichen die spielerische, altersgerechte Annäherung an das Schwingen nach Noten. In den Einheiten liegt das Augenmerk auf ganzheitlicher Wahrnehmung und dem lustvollen, abwechslungsreichen Lernen.

Schwingen nach Noten – leicht gemacht 1

67 Seiten
ISBN 978-3-926292-27-8
Zum Musiktitel „No Woman No Cry“ von Bob Marley enthält diese Sammlung eine einfache Schwung- und Tanzchoreographie zum Poi-Schwingen mit aufbauenden Variationen. In kleinen didaktischen Schritten nähern sich Lernende an das Schwingen nach Noten an. Durch das rhythmische Sprechen der verkürzten Schwungnamen gewinnt das Poi-Schwingen an Bedeutung in Hinblick auf ganzheitliche Wahrnehmung und Lernen.

Schwingen nach Noten 1

184 Seiten
ISBN 978-3-926292-12-4
Dies ist der erste Band der Reihe „Schwingen nach Noten“. Zu beliebten Liedern der Pop- und Rockmusik von Anastacia, Avril Lavigne, Brosis, Eminem, JCA, Herbert Grönemeyer, Rolling Stones und Shakira erscheinen hier Choreographien für Poi-Schwinger.

Schwingen nach Noten 2

187 Seiten
ISBN 978-3-926292-14-8
Dies ist der zweite Band der Reihe „Schwingen nach Noten". Zu beliebten Klassikern der Pop- und Rockmusik von AC/DC, Die Ärzte, Joe Cocker, Doro, Genesis, Herbert Grönemeyer, In Extremo, Phil Collins, Roxette, Scooter, Skid Row, Sweet und Van Halen erscheinen hier Choreographien für Poi-Schwinger.

Schwingen nach Noten 3

182 Seiten
ISBN 978-3-926292-19-3
Hier werden asynchrone Schwünge und Stops (Raps) im Choreographieaufbau verwendet. Zu Musiktiteln von Christina Aguilera, Xavier Naidoo, The Rasmus, Evanescence, Sarah Connor, Santana, Eros Ramazzotti, Simply Red, Outlandish, R. Kelly, No Angels, Melanie C. usw. enthält diese Sammlung wieder zahlreiche Choreographien zum Poi-Schwingen.

Schwingen nach Noten 4

184 Seiten
ISBN 978-3-926292-21-6
Erstmals werden in diesem Band die Wave, Körperdrehungen, Isolierungen, Schwünge über dem Kopf und hinter dem Körper integriert. Zu Musiktiteln von Anastacia, The Black Eyed Peas, Dido, Jamelia, Jannette, Lasgo, The Red Hot Chili Peppers, Sabina Sather feat. Glashaus, Sheryl Crow, Sublime, Wolfsheim, Wir sind Helden, Zeichen der Zeit usw. enthält diese Sammlung zahlreiche Choreographien zum Poi-Schwingen.

Schwingen nach Noten 5

175 Seiten
ISBN 978-3-926292-20-9
Die Wave hinter dem Körper und über dem Kopf, Rebounds, Würfe und neue Schwungebenen werden in das Notationssystem integriert. Des weiteren sind Körperdrehungen, Isolierungen, asynchrone Schwünge und Stops im Choreographieaufbau verwendet. Zu Musiktiteln von Anastacia, Lionel Richie, Madonna, Nelly Furtado, Nickelback, No Doubt und Pink enthält diese Sammlung wieder zahlreiche Choreographien zum Poi-Schwingen.

Schwingen nach Noten 6

177 Seiten
ISBN 978-3-926292-22-3
Zu Musiktiteln von Rammstein, Schandmaul und Unheilig enthält diese Sammlung Choreographien für Poi-Schwinger. Diese sind sowohl in Einzelsätzen, als auch für interaktives Schwinglieren verfasst. Zudem wird hier die Notation um verschiedene Kombinationsschwünge, Körperdrehungen, neue Kreis- und Achterschwünge, neue Schwungebenen über dem Kopf und hinter dem Körper, Isolationen und neue Würfe erweitert.

Schwinglieren nach Noten 7

180 Seiten
ISBN 978-3-926292-23-0
Zu Musiktiteln von AC/DC, Bob Marley, Guns`n`Roses, Hammerfall, Judas Priest, Manowar, Metallica, Nightwish, Peter Gabriel, Skid Row, und U2 enthält diese Sammlung Tanzchoreographien für Poi-Schwingleure. Die Notation wird für Schrittfolgen und für Schwünge und Würfe in der *Sonne* und im *Wagen* erweitert.

Schwingen nach Noten im Duo 1

181 Seiten
ISBN 978-3-926292-24-7
Zu Musiktiteln von Anastacia, Eros Ramazzotti, Gavin Degraw, Gnarls Barkley, Tina Turner, Mary J. Blige, Mattafix, Robbie Williams, Seeed, Sheryl Crow enthält diese Sammlung Partner-Choreographien für Poi-Schwingerinnen. In den beiden Sätzen zu einem Song wird spezifisch weiblicher oder männlicher Bezug auf Inhalt und Dramaturgie des Liedes genommen. Zudem wird die Notation um Kontaktschwünge erweitert.

Schwinglieren nach Noten - Sonderausgabe 1

116 Seiten
ISBN 978-3-926292-28-5
Die erste Sonderausgabe von Schwinglieren nach Noten enthält Choreographien zu dem Konzeptalbum „Misplaced Childhood" der Rockgruppe Marillion. Diesem Gedanken folgend, stehen die Choreographien in einem Gesamtzusammenhang und interpretieren so den musikalischen Konzeptgedanken in Form von Bewegungsabläufen für das Poi-Schwinglieren. Als Erweiterung kommen in dieser Sammlung vor allem neue Würfe hinzu.

Welcome to the world of Poi

180 pages
ISBN 978-3-926292-11-7
This book teaches the basics of twirling Poi, but also for twirling meteors, bolas and clubs. Through systematic learning of the different moves it is done in an easy and quick way. Even at the beginning it is possible to do endless combinations by using easy and a few moves only. With the help of metaphors a twirling picture can be kept in mind. A new choreography writing opens unbelievable possibilities. Twirling can be done like playing a rhythm instrument.

Swinging games

152 page
ISBN 978-3-926292-18-6
This versatile collection of games links the fun of playing games with the enjoyment of the art of movement. Originally created for twirling Poi these games are suitable for almost every juggling utensil.

Twirling Poi to music 1

182 pages
ISBN 978-3-926292-15-5
This is the first volume of the series "Twirling Poi to music". Choreographies to popular pop songs and rock music from Avril Lavigne, Eminem, Jennifer Lopez, Nelly, Norah Jones, The Red Hot Chili Peppers, The Rolling Stones and Shakira are published here for Poi players. The "grammar" of the rhythms, which is taken from the fundamental book: "Welcome to the world of Poi", is easy to learn.

Twirling Poi to music 2

184 pages
ISBN 978-3-926292-16-2
This is the second volume of the series "Twirling Poi to music". Choreographies to popular classical songs from the pop and rock music of AC/DC, Bon Jovi, Bruce Springsteen, Genesis, Joe Cocker, Lynyrd Skynyrd, Men At Work, Peter Gabriel, Phil Collins, Roxette, Scooter, Skid Row, Sweet Van Halen, ZZ Top are published here for Poi-players.

Notizen:

Notizen

Notizen

Notizen

Notizen

Notizen

Notizen

Notizen

Notizen